CATHÉDRALE DE BAYEUX

REPRISE EN SOUS-ŒUVRE

DE

LA TOUR CENTRALE

Paris. — Typographie Hennuyer, rue du Boulevard, 7.

CATHÉDRALE DE BAYEUX

REPRISE EN SOUS-OEUVRE

DE

LA TOUR CENTRALE

PAR

MM. H. DE DION ET L. LASVIGNES

INGÉNIEURS CIVILS

ANCIENS ÉLÉVES DE L'ÉCOLE CENTRALE

SOUS LA DIRECTION

DE M. E. FLACHAT

PARIS

A. MOREL ET C°, LIBRAIRES-ÉDITEURS,

Rue Vivienne, 18.

1861

INTRODUCTION.

Les travaux que nous avons exécutés à la cathédrale de Bayeux, de 1855 à 1859, sous la direction de M. E. Flachat, ayant offert à la fois une grande importance et un intérêt particulier, à raison des difficultés qu'il a fallu surmonter, nous avons cru être utiles aux ingénieurs et aux architectes chargés de consolider ou de réparer d'anciens édifices, en donnant une description succincte de cette restauration.

M. Flachat [1], en se chargeant d'un travail déclaré presque impossible par des hommes spéciaux d'une réputation justement méritée, a rendu, comme déjà plusieurs fois dans sa carrière, un service éminent à l'art de l'ingénieur. Depuis, en effet, qu'une faveur presque générale succède, pour nos cathédrales gothiques, au dédain de trois siècles, on se préoccupe avec raison de l'état de dégradation de la plupart d'entre elles. Si quelques-unes sont encore jeunes, après cinq siècles d'existence, et ne demandent que quelques soins pour durer long-

---

[1] Pendant que M. Flachat avait, à Paris, la haute direction des travaux, M. de Dion, chargé de les exécuter sur les lieux, prenait l'initiative dans tous les cas où des difficultés imprévues réclamaient une prompte et énergique solution. M. Lasvignes, après l'avoir assisté jusqu'en 1858, le remplaça alors dans la direction, jusqu'à la fin des travaux.

temps encore, d'autres, en plus grand nombre, construites soit avec précipitation, soit avec des matériaux de qualité inférieure, ou abandonnées pendant de longues années, penchent vers leur ruine, et demandent d'importantes restaurations. Trop souvent on s'est contenté de réparations superficielles, qui servent seulement à pallier le mal et à déguiser l'état de dégradation du monument; souvent aussi, des travaux imprudents n'ont fait que hâter la destruction. Puis, lorsque l'état s'aggrave, on ne trouve d'autre expédient que de démolir l'édifice.

Malgré quelques essais louables, tout le monde convient de la difficulté, sinon de l'impossibilité de remplacer les cathédrales gothiques par des monuments de même valeur. On comprend mieux maintenant l'immense travail qu'elles ont coûté, et combien il a fallu de science et de goût pour les élever. Quelque coûteuse d'ailleurs que soit une restauration, elle le sera toujours moins qu'une reconstruction, même faite économiquement; et si, par de grands sacrifices, on remplace l'édifice détruit par un autre digne de lui être comparé, on ne peut donner à celui-ci la valeur historique du premier, ni faire revivre les nombreux souvenirs qui se rattachent à sa longue existence. On ne saurait trop respecter les travaux de ceux qui nous ont précédé; il faut se garder non-seulement de les détruire sans nécessité, mais encore de les modifier trop légèrement, alors même qu'ils choquent le goût dominant de l'époque. En consacrant leur travail à l'érection d'un monument, les générations successives n'ont pas eu seulement en vue la satisfaction d'un besoin présent; elles ont voulu continuer l'œuvre de leurs aïeux, et ont été soutenues par l'espérance que leurs créations dureraient plusieurs siècles et attesteraient à leurs descendants la puissance, la richesse et la foi religieuse de la cité, aussi bien que le talent et l'habileté de l'ouvrier.

L'exemple de la cathédrale de Bayeux prouvera que, même dans les circonstances les plus critiques, l'art du constructeur n'est pas impuissant pour la conservation d'un grand édifice; nous regarderions le but de cet ouvrage comme rempli, si l'exemple que nous allons signaler pouvait sauver de la destruction quelques-uns de nos anciens monuments. Nous croyons aussi que l'étude d'un édifice qui marche rapidement à sa ruine peut être fort utile à ceux qui sont appelés à construire, en leur enseignant ce qu'il leur faut éviter pour assurer la durée de leur œuvre.

Il est vrai que, dans des constructions aussi hardies dont les masses supérieures sont souvent en équilibre sur des appuis isolés, ces travaux en sous-œuvre offrent des difficultés particulières; mais ces difficultés ne sont pas de nature à décourager la science.

Il est inutile de dire que l'on ne trouvera pas ici des règles invariables, pouvant être appliquées pour tous les cas de restaurations. Dans une lutte incessante et compliquée contre des désordres qui s'aggravent sans cesse, surtout lorsqu'on peut craindre la chute de l'édifice, on ne peut copier servilement ce qui a été fait ailleurs. Il faut, tout en suivant un plan, savoir le modifier selon les circonstances, et opposer à des accidents imprévus des remèdes improvisés. Une reprise en sous-œuvre n'est point un travail de bureau; elle nécessite la présence presque continuelle sur les travaux, pour surveiller tous les détails et ne rien laisser au hasard.

Nous conserverons toujours le plus vif souvenir du temps employé à la restauration de la cathédrale de Bayeux, à cause tant du travail en lui-même ue de l'accueil qui nous a été fait. Dans un travail pénible et acharné pour soutenir un édifice qui croulait sur nos têtes, nous n'avions pas seulement pour nous soutenir l'intérêt de la lutte contre des difficultés compliquées et contre un danger menaçant, mais encore la pensée que toute une population, fière à juste titre de sa cathédrale, suivait nos travaux avec un intérêt passionné. L'arrêt de mort de ce monument l'avait consternée. L'évêque et son clergé, la municipalité, toutes les classes, rivalisèrent de zèle pour empêcher cette ruine ; ce sont leurs efforts et leurs sacrifices qui, avec le concours de l'administration supérieure, ont conservé la cathédrale intacte. Nous qui entreprenions avec ardeur de réaliser ce vœu public, nous trouvâmes chez tous la plus vive sympathie; nous en avons reçu trop de marques pour ne pas en avoir été profondément touchés, et pour ne pas conserver, indépendamment de sentiments plus personnels, autant d'estime que d'affection pour la population Bayeusaine. Nous saisissons avec empressement cette occasion de lui témoigner notre gratitude dans une publication sur ce monument qui fait, depuis plusieurs siècles, la gloire de Bayeux et auquel peu de villes peuvent en opposer un égal.

DESCRIPTION DES TRAVAUX

EXÉCUTÉS

A LA CATHÉDRALE DE BAYEUX

POUR LA REPRISE EN SOUS-OEUVRE

DES PILIERS SUPPORTANT LA TOUR CENTRALE

I

HISTORIQUE DE LA CONSTRUCTION.

La cathédrale de Bayeux, dont nous donnons le plan (page 10) et une vue (page 11), se compose d'une nef avec bas côtés et chapelles latérales, de transepts, d'un chœur entouré de chapelles et de deux sacristies, enfin d'une belle salle capitulaire accolée au flanc Nord du portail. Deux tours accompagnent le portail Ouest, et une troisième s'élève au centre de l'édifice ; c'est cette dernière qui, en écrasant les quatre piliers de la croisée, a nécessité les travaux qui font le sujet de cette publication.

L'ensemble de ces constructions couvre une superficie de près de 3,400 mètres carrés. La longueur hors d'œuvre est de 102 mètres ; la plus grande largeur au transept de 34 mètres, dont 11^m,50 pour la nef centrale, qui a une hauteur de 23 mètres. On voit, par ces dimensions, que ce monument ne peut compter au nombre des églises de premier ordre ; mais il est des plus remarquables, entre les cathédrales de grandeur moyenne, par l'élégance de son architecture.

Le terrain sur lequel la cathédrale est construite a une pente de 5^m,40, de l'Ouest à l'Est. Lorsqu'on entre par le grand portail, on descend par neuf marches une hauteur de 1ᵐ,40, pour arriver au sol de la nef; le chœur est de 0ᵐ,50 plus élevé, tandis que ses bas-côtés et les transepts sont de 1 mètre plus bas, de sorte que le chœur domine de 1ᵐ,50 les parties qui l'entourent. Au-dessous s'étend une crypte, dont le dallage se trouve à 3ᵐ,20 en contre-bas des bas côtés.

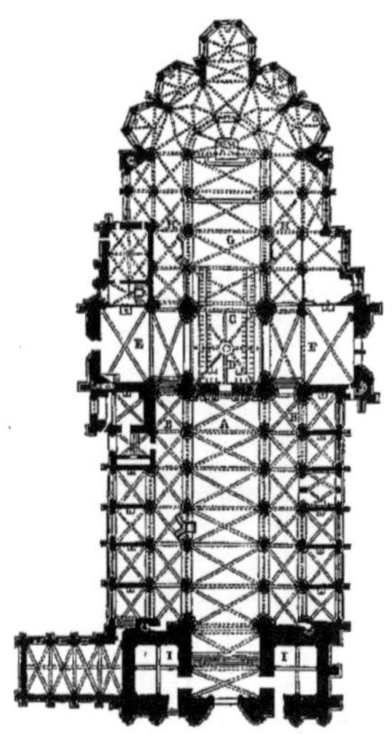

PLAN DE LA CATHÉDRALE DE BAYEUX,

Avec l'indication des stalles et du jubé, tels qu'ils existaient il y a quelques années.

A Nef.	D Jubé.	H Bas côtés du chœur.
B Bas côtés de la nef.	E Transept Nord.	I Tours du portail.
C Croisée au-dessus de laquelle	F Transept Sud.	K Salle capitulaire.
se trouve la tour centrale.	G Chœur	

Comme la plupart des églises de cette importance, la cathédrale de Bayeux est l'œuvre de plusieurs siècles. Sans nous engager dans une monographie complète de ce monument et sans entrer dans une discussion approfondie des documents qui s'y rapportent, nous allons tâcher de retracer l'histoire de sa

construction et de déterminer l'époque et la succession des principales parties
qui la composent.

VUE DE LA CATHÉDRALE DE BAYEUX.

La cathédrale est fondée sur une couche d'argile, au-dessus de laquelle se
trouvent 4 ou 5 mètres de remblai, composés d'environ 1 mètre de terre végé-

tale mêlée de briques et d'ossements et, au-dessus, de 3 à 4 mètres de décombres, moellons, débris de dallage et moulures brisées.

Les fouilles faites, il y a quelques années, sur la place au sud de l'église, ont fait découvrir des voussoirs ornementés et des colonnes provenant d'un édifice romain, probablement d'un arc de triomphe.

En consultant les documents historiques, nous voyons qu'au monument de la cité gallo-romaine succéda une église. L'abbé Beziers, dans son *Histoire sommaire de la ville de Bayeux*, publiée vers 1772, parle d'abord d'un oratoire attribué à saint Exupère, premier évêque de Bayeux (troisième siècle), puis d'une église plus spacieuse bâtie par son successeur Regnobert et détruite par les Normands en 891. Il ajoute que Rollon (911 à 920), lors de son baptême, donna une partie de ses biens pour la reconstruction de cette église, qui fut de nouveau détruite par un incendie en 1046. Il est à croire que ni l'une ni l'autre de ces constructions, faites à la hâte dans des temps malheureux, ne fut importante ou remarquable, et que, si quelques-uns de leurs débris ont pu servir à une nouvelle reconstruction, aucune partie n'a été conservée, sauf peut-être la crypte, que sa position a pu préserver d'une destruction totale.

Cette crypte, dont les voûtes d'arêtes reposent sur des colonnes monocylindriques, est séparée du pavé du chœur par un massif de décombres de plus de 1 mètre. Son existence paraît avoir été ignorée pendant plusieurs siècles, les ouvertures par lesquelles on y accédait ayant été bouchées lors d'une reconstruction; le hasard seul la fit découvrir en 1412, comme le témoigne une inscription placée au-dessus de la fenêtre qui l'éclaire[1]. Au niveau du sol de

---

[1] Voici cette inscription :

EN L'AN MIL QUATRE CENS ET DOUZE	ET LORS EN FOISSANT LA PLACE
TIERS JOURS D'AVRIL QUE PLUYE ARROUZE	DEVANT LE GRAND AUTEL DE GRACE
LES BIENS DE LA TERRE, LA JOURNEE	TROVA L'ON LA BASSE CHAPELLE
QUE LA PASQUE FUT CELEBREE	DONT IL N'AVOIT ETE NOUVELLE
NOBLE HOMME ET REVEREND PERE	OU IL EST MIS EN SEPULTURE
JEHAN DE BOISSEY, DE LA MERE	DIEU VEUILLE AVOIR SON AME EN CURE
EGLISE DE BAYEUX PASTEUR	AMEN.
RENDIT L'AME A SON CREATEUR;	

cette crypte, nous avons retrouvé les restes d'une aire en béton (coloré en rouge par de la brique), qui pénétrait dans les fondations des piliers.

Lorsqu'après la destruction de l'édifice bâti aux frais de Rollon, l'évêque Hugues commença la construction d'une nouvelle église, la Normandie avait fait de grands progrès sous l'habile gouvernement de ses ducs; c'était, au onzième siècle, un des plus riches pays de l'Occident et un des plus avancés dans les arts. Aussi, ce fut sur un nouveau plan que ce riche prélat, fils de Raoul, comte de Bayeux et d'Ivry (1015-1049), entreprit la reconstruction de sa ca-thédrale.

« Il voulait, dit l'abbé Beziers, une église bien plus grande et plus puissante que la précédente. Il n'eut pas la satisfaction de la voir finie, étant mort en 1049.

« Aidé de son frère utérin, Guillaume, duc de Normandie, Odon de Conteville (1050-1097), successeur de Hugues, continua l'ouvrage et y fit des augmentations considérables. Plus heureux que son prédécesseur, il en fit faire la dédicace par Jean, archevêque de Rouen, le 14 juillet 1077, suivant Orderic Vital; en 1078, suivant une charte de cette église.

«A peine trente ans s'étaient écoulés depuis sa dédicace, que cette église fut brûlée par les troupes de Henri Ier, roi d'Angleterre, qui était venu soumettre Robert de Belesme et Guillaume de Mortain révoltés contre lui avec une partie des barons normands.

«Après la guerre, en 1107, Henri fit réparer l'église [1], et elle resta en cet état jusqu'en 1159, où elle fut de nouveau brûlée. »

Nous n'avons trouvé de trace de cet incendie que sur un seul point des con-structions romanes que nous avons mises à découvert : c'est au-dessus des chapiteaux du pilier qui porte l'angle Nord-Est de la tour.

On doit rapporter à ces deux constructions d'Odon et d'Henri Ier tout ce qui se trouve d'architecture romane dans la cathédrale de Bayeux, à savoir : les

---

[1] Voici le texte de Guillaume de Malmesbury, le plus explicite des auteurs qui rapportent ces derniers faits : « Rex Henricus Baiotas civitatem cum principali ecclesia ignibus absumpsit... Detrimenta ecclesiæ « rex mirifice resarcivit. »

tympans des arcades de la nef, les tours du portail jusqu'à la base des flèches, et la partie basse de la tour centrale. A ces parties apparentes, nos travaux de reprise en sous-œuvre nous permettent de joindre les parties enfouies sous le sol ou noyées dans les constructions postérieures; en voici l'indication :

En déblayant, on a retrouvé, à 1^m,16 au-dessous du pavé de la nef actuelle, les traces d'un ancien dallage en briques émaillées et de la couche en béton sur laquelle il reposait; ce dallage donne le niveau de l'ancienne église. Les bases des piliers de la nef étaient, du côté Nord, à 0^m,76 en contre-bas du niveau actuel et à 0^m,64 seulement, du côté Sud; il est vrai qu'elles reposent sur un socle très-large qui a dû être apparent, si l'on en juge par les rejointoiements. Un socle analogue devait exister sous les bases des piliers supportant la tour centrale; ces bases étaient, du côté de la nef, à 0^m,35 et 0^m,25 au-dessus du dallage, et se trouvaient à son niveau, du côté du chœur. Quant au chœur, son élévation est donnée par les voûtes de la crypte; il devait être au moins à 0^m,66 au-dessus de la nef; mais il n'a pas été possible de retrouver de trace des escaliers par lesquels on y accédait.

Les travaux de démolition des anciennes maçonneries nous ont fourni des renseignements encore plus nombreux. Ils ont permis de reconnaître, dans l'intérieur des piliers de la croisée et des deux premiers de la nef, les anciens piliers plus ou moins mutilés de la cathédrale d'Odon. C'est afin de conserver les constructions qui se trouvaient au-dessus, qu'on a laissé subsister ces noyaux dans la reconstruction de l'époque suivante. Les piliers, moins volumineux que ceux qu'on leur a substitués, sont composés, dans la nef, d'un massif de 1^m,05 de côté (pl. XVI, fig. 5), cantonné de quatre colonnes de 0^m,66 de diamètre engagées au tiers; on a pu reconnaître que le tailloir unique des deux chapiteaux sur lesquels retombent les archivoltes sculptées, est le même qui recouvrait, dans la construction primitive, le chapiteau unique de la colonne romane regardant la nef. On peut remarquer ici, comme singularité, que ces piliers ne sont ni également espacés, ni placés en face les uns des autres (pl. I), et que les arcades du côté Nord sont de 0^m,50 plus élevées que celles du côté Sud.

Dans la croisée, les piliers, quoique plus forts et de 2 mètres environ de côté, n'étaient ornés que de quatre colonnes du même diamètre ($0^m,66$; — voir pl. XVI, fig. 1, 2, 3, 4). De ces colonnes, celles seulement qui portaient les arcs-doubleaux traversant la grande nef s'élèvent, d'un seul jet, à $13^m,50$; les autres ne s'élèvent qu'à la hauteur de celles de la nef; dans les transepts, la courbure de l'arcade qui surmonte les colonnes indique l'existence d'une colonne intermédiaire entre les gros piliers. Cette colonne supportait la tribune qui régnait sans doute sur les transepts comme sur les bas côtés de la nef et du chœur, à $9^m,15$ de hauteur; on trouve, sur les élévations Sud et Est du pilier S.-O. [1], le commencement de la voûte d'arête qui la supportait (pl. XX et XXI). Les chapiteaux des grands piliers étaient à une hauteur de $13^m,50$, c'est-à-dire à 4 mètres plus bas que les chapiteaux actuels; et, lors de leur démolition, on a retrouvé les premiers voussoirs des arcs plein-cintre dont la clef se trouvait à 20 mètres du sol.

Nous avons fait relever, pierre par pierre, les élévations complètes de ces piliers; elles se trouvent représentées dans les planches XVII à XXIV. Ces dessins nous ont paru utiles pour l'histoire de l'architecture; ils nous serviront aussi à expliquer les causes des accidents qui s'étaient produits dans ces derniers temps. On peut juger, en les examinant, que, si l'ancienne cathédrale offrait moins de hauteur et d'élégance que celle qui l'a remplacée, elle avait une apparence plus vaste par suite de la légèreté des piliers. Nous avons aussi fait graver (pl. XXV) trois des chapiteaux retrouvés qui se distinguent par quelques sculptures; les autres, plus simples, offrent beaucoup d'analogie avec ceux de la crypte. (Voir dans *le Bulletin monumental,* publié sous la direction de M. de Caumont. année 1859, p. 465, un Mémoire de M. de Cussy sur ces chapiteaux.)

Les arcatures, dont il reste encore des vestiges sur les murs de la tour (pl. XXII), sont trop ornementées pour ne pas indiquer que la tour était vue de l'intérieur de l'église, comme à Saint-Etienne de Caen et à Coutances. Der-

---

[1] Nous appellerons piliers S.-O., S.-E., N.-O. et N.-E., les piliers qui portent les angles Sud-Ouest, Sud-Est, Nord-Ouest et Nord-Est de la tour. L'orientation est indiquée en supposant que l'on se place au centre de la croisée; le chœur se trouve alors à l'Est, la nef à l'Ouest, l'un des transepts au Nord et l'autre au Sud.

rière ces arcatures, il existe, dans les angles S.-E. et S.-O., des escaliers romans analogues par leur construction à ceux des tours du portail, et qui devaient donner accès aux galeries plus élevées surmontant sans doute les arcatures. Le noyau de ces escaliers n'est pas formé uniquement par l'extrémité de la marche, comme dans les escaliers gothiques, mais par un revêtement en pierre dans les parties vues et par les retombées de la voûte rampante en moellons, sur laquelle on a posé les marches.

La planche XXIII donne la position du toit qui recouvrait le chœur; il était à la même hauteur que celui de la nef, et 5 mètres moins haut que le comble actuel. On voit encore quelques-unes des colonnes qui ornaient extérieurement la tour.

Pour compléter les indications qui précèdent et pour reconstruire par la pensée la basilique d'Odon, il faut étudier l'église de l'Abbaye-aux-Dames à Caen, construite à la même époque et consacrée, en 1066, par Maurice, archevêque de Rouen. C'est la même simplicité de profils; ce sont les mêmes piliers carrés cantonnés de quatre colonnes. Quant à l'église de Saint-Etienne de Caen, consacrée la même année que la cathédrale de Bayeux, elle avait été commencée en 1066 ou 1064, c'est-à-dire dix-huit ou vingt ans après que Hugues de Bayeux eut posé la première pierre de sa cathédrale; aussi, quoique comparable, par la simplicité des formes, à l'architecture que nous venons d'étudier, offre-t-elle un progrès manifeste par la multiplication des parties.

Revenons à l'historique de la construction.

Après l'incendie de 1159, Philippe de Harcourt, évêque de Bayeux (1142-1164), fit travailler activement à la reconstruction de la cathédrale actuelle [1]. Son successeur, Henri de Salisbury (1165-1205), continua les travaux qui furent terminés par Robert des Ablèges (1205-1231). Le nom de tous les évêques de Bayeux, depuis Hugues qui commença la cathédrale jusqu'à Robert qui l'a

---

[1] Anno 1161. — « Ecclesia Baiocensi igne combusta, Philippus episcopus in eius restauratione « iterum viriliter laborat. » (Robert du Mont, dans l'Appendice à la *Chronographie* de Sigebert de Gembloux.)

terminée, se trouve inscrit sur la voûte du chœur, en caractères de l'époque, à la suite des fresques grossières représentant les premiers évêques du siége. On y voit aussi les deux noms *Petrus* et *Guillemus*, que l'on peut croire être ceux des architectes de l'église.

Dans cette période (1161 à 1231), s'élevèrent la partie haute de la nef avec les bas-côtés, sans les chapelles latérales, et le chœur tout entier avec les chapelles qui l'entourent, y compris la chapelle de la Vierge et la sacristie à double étage. Toutes ces constructions sont pleines de goût et faites avec une admirable entente de l'art de bâtir; le chœur et les chapelles absidiales forment surtout un ensemble d'une grande perfection et d'une unité parfaite.

Nous n'hésitons pas à rapporter à la même époque le revêtement des piliers de la nef, malgré leur forme romane, ainsi que les chapiteaux délicats qui les surmontent et les deux rangs d'arceaux intérieurs des archivoltes. En effet, dans les tympans et les archivoltes romanes sculptées, le travail de la pierre diffère essentiellement de celui des parties que nous venons d'indiquer; les pierres n'ont pas été retouchées après la pose, tandis que les parties ajoutées ont été ragréées et présentent un travail identique avec celui des bas-côtés en style ogival; les moulures des arceaux en plein cintre sont les mêmes que celles des arcs ogivaux qui couvrent les bas-côtés de 'la nef, et cet ensemble forme un tout homogène. La sculpture des chapitaux offre, de plus, des coïncidences remarquables, par les formes et le fini du travail, avec celle du reste de la construction. Ce respect de l'ancienne forme, cette restauration intelligente de ces belles arcades, n'offre rien d'improbable de la part d'un architecte qui a su montrer, dans les moindres détails, un esprit si juste et si pratique. Il a substitué, à la colonne romane regardant la nef, deux colonnettes plus légères (pl. XVI, fig. 5) dont le double chapiteau porte l'ancien tailloir; sur les autres côtés, il a augmenté l'épaisseur du pilier, en multipliant les colonnettes; puis il a remplacé, par un double rang de claveaux, l'archivolte inférieure. Tout ce remaniement, dont on ne s'aperçoit pas au premier coup d'œil, est facile à constater lorsqu'on étudie de près la différence des moulures et la manière dont elles se recouvrent et se pénètrent.

A la mort de Robert des Ablèges (1231), l'église de Bayeux présentait un ensemble complet : le chœur était entouré de toutes ses chapelles, et l'ancien transept le reliait à la nef, à l'extrémité de laquelle s'élevaient les tours du portail. Bien des parties cependant restaient imparfaites, et ne furent complétées qu'au fur et à mesure des nouvelles ressources affectées, suivant le désir du donateur, tantôt à une partie, tantôt à l'autre de l'édifice. Les documents nous manquent pour suivre, pas à pas, ces travaux souvent languissants. quelquefois interrompus. Nous renvoyons nos lecteurs au travail publié en 1847 dans *le Calvados monumental*, ainsi qu'à la notice si complète et si intéressante de M. l'abbé Laffetay, membre du chapitre de Bayeux, sur les fondations, les obits et les sépultures de la cathédrale (*Bulletin de la Société d'agriculture, sciences, arts et belles-lettres de Bayeux*, 1852), et nous nous bornons à indiquer, à grands traits, le travail de chaque siècle.

La salle du chapitre, quelques chapelles au sud de la nef et peut-être aussi le transept Nord, sont l'œuvre de la fin du treizième siècle. A la même époque, on renforça, par des constructions en style ogival, la tour Nord du portail, pour la rendre capable de porter la flèche dont on la surmonta. Ces constructions masquent à l'extérieur, sur le tiers de la hauteur, toute la partie romane, qui n'est plus apparente que dans les étages supérieurs et inférieurs.

Au quatorzième siècle, on construisit les autres chapelles de la nef, la flèche Sud du portail, le transept Sud et le revêtement des piliers de la croisée. Ce dernier travail eut pour but, non-seulement de modifier les parties romanes dont la simplicité faisait disparate avec le luxe du reste de l'édifice, mais encore de donner à ces piliers une force suffisante pour supporter le poids d'une tour plus importante que celle qui existait déjà.

On conserva, pour soutenir les constructions supérieures, une partie de l'ancien pilier, qui devint le noyau du nouveau. Les fouilles que nous avons faites prouvent que l'on se contenta, pour les fondations de ce revêtement, d'un empatement posé sur les décombres, autour des fondations romanes, sans descendre jusqu'au sol résistant. A cette occasion, on reconstruisit toutes les arcades inférieures voisines de ces gros piliers, sauf les deux du chœur. Mais l'architecte

du quatorzième siècle, inférieur en bien des points à celui du treizième, n'imita
pas la sage réserve de son devancier; il changea en arcades gothiques deux des
arcades romanes de la nef, et employa les pierres sculptées des tympans comme
moellons de remplissage. Les fenêtres supérieures, dont les formes ne choquaient
point ses habitudes, furent respectées et leurs moulures vinrent pénétrer l'enveloppe des piliers. Les grandes arcades romanes, trop basses par rapport au reste
de l'édifice, furent remplacées par d'autres de forme ogivale, découpées dans
le mur de la tour romane et surélevées de 4 mètres à leur naissance. Nous
verrons, dans le chapitre relatif à la démolition des piliers, quels sont les
défauts de ces constructions qui, par la suite, occasionnèrent la ruine de
la tour.

A la fin du quatorzième siècle, l'intérieur de l'église était, dans son ensemble,
tel que nous le voyons; on a seulement fait, dans les siècles suivants, quelques
réparations occasionnées par la découverte de la crypte (1412) et des modifications dans les fenêtres des chapelles de la nef.

Le quinzième siècle a vu construire la tour qui s'élève, au centre de l'édifice,
sur les piliers dont nous venons de voir la consolidation. Mgr Habart construisit
la tour carrée de 1425 à 1427. Cette masse attendit, pendant cinquante ans,
un couronnement digne d'elle; ce fut Mgr Louis de Harcourt, patriarche
de Jérusalem, qui se chargea de fournir ce complément à l'ensemble extérieur
de la cathédrale. Nous devons, sur ce sujet, à l'obligeance de M. l'abbé Laffetay,
des renseignements inédits et très-précis que nous sommes heureux de pouvoir
reproduire :

« Le 26 septembre 1477, Louis de Harcourt, évêque de Bayeux et patriarche de
Jérusalem, fit proposer au chapitre par Nicole Michel, fabricier de la cathédrale,
*de terminer à ses frais la tour carrée depuis longtemps imparfaite. Il eut soin
de déclarer que, dans le cas où la tour s'écroulerait plus tard sous le poids
de cette surcharge, il n'entendait pas que la responsabilité lui en fût attribuée* [1];

---

[1] « Ne si (quod Deus avertat) ex hàc dictà superædificatione aliquid ruinæ in posterum contingeret,
« sibi et suæ huic devotioni quoquomodò valeat imputari. »

c'était au chapitre à se prononcer sur l'opportunité de la mesure qui lui était soumise. Après une mûre délibération, le chapitre agréa la proposition du patriarche, lui vota des remerciements unanimes, décida que pendant le reste de sa vie on prierait publiquement pour lui à la messe capitulaire, et lui offrit une place pour sa sépulture dans l'enceinte du chœur, auprès du grand lutrin.

« Il résulte de ce curieux procès-verbal, inséré dans un de nos cartulaires, que la partie carrée de la tour centrale est antérieure à l'épiscopat de Louis de Harcourt, et qu'elle avait été commencée longtemps avant lui.

« Les travaux, commencés le 1ᵉʳ octobre de la même année, durèrent vingt-deux mois; ils coûtèrent 4,092 liv. 12 s. 6 d. Le compte en fut rédigé par le fabricier, dans un manuscrit de vingt-sept feuillets, dont le titre était ainsi conçu : *Le compte de la recepte et mises faites par moi Nichole Michiel, pénitencier et fabricier de l'église de Bayeux, à l'occasion de l'édifice de la couronne élevée et assise sur le cueur de ladite église depuis le premier jour d'octobre 1477, auquel jour ledit œuvre fut commencé, jusqu'au même jour d'août l'an 1479, dedans lequel jour il fut achevé, hors le bonnet qui couvre le dedans de la couronne; le tout du bien et denier de très-révérend père en Dieu Mᵍʳ Loys de Harcourt, patriarche de Jérusalem.*

« L'expression employée par le fabricier pour caractériser l'œuvre du patriarche est d'une justesse remarquable. Ramenée à ses éléments primitifs, la tour octogone représenterait, en effet, une couronne ducale dont les huit pans sont découpés à jour, dans le style ogival flamboyant; l'ornementation en est riche et variée. Les feuilles de choux, les chardons, les expansions végétales contournées et profondément fouillées, y abondent; dans les fenêtres, les fleurs de lis alternent avec les cœurs allongés. Ce dernier type a fourni le dessin de la balustrade, aux angles de laquelle se dressent des statues. On remarque, en plusieurs endroits, les armes du patriarche; elles sont quelquefois associées à celles de la Normandie, dont il était vice-roi. »

En 1676, un incendie détruisit la charpente de la coupole en plomb que le fabricier Nicole appelle le bonnet. Cet incendie a laissé des traces profondes; les pierres, dans l'intérieur de la tour octogonale, ont éprouvé l'action du feu sur une profondeur de 0^m,02, et on voit encore des parcelles de plomb incrustées sur les bancs et sur les voûtes de cette tour.

Ce ne fut qu'à la fin de l'épiscopat de Mgr de Nesmond, en 1714 et 1715, que la restauration de la tour fut confiée à Moussard, architecte du roi, originaire de Bayeux. A la coupole en plomb il substitua un dôme en pierre. Indépendamment de la beauté de la forme, sur laquelle on peut différer d'opinion, ce dôme ne manquait pas de mérite dans sa construction; il était léger et parfaitement appareillé. On dit que cet architecte, s'étant aperçu que des lézardes existaient dans un des piliers de la croisée, diminua de 25 pieds la hauteur de son premier projet, afin de ne pas dépasser le poids de l'ancienne coupole.

II

ÉCRASEMENT DES PILIERS. — PREMIERS TRAVAUX.

Avant de commencer la description des travaux que nous avons dirigés, nous devons faire connaître les désordres successifs qui les ont nécessités et indiquer les mesures prises avant notre arrivée.

Les premiers signes de ruine, dans la tour centrale, dataient de loin; on peut conclure, en effet, des termes dans lesquels Mgr d'Harcourt propose au chapitre de se charger de construire la tour octogonale et du soin avec lequel il décline la responsabilité d'un malheur possible, qu'à la suite de la construction de la tour carrée (1427), il s'était produit dans les piliers un tassement qui, en 1477, inspirait des craintes sur leur solidité et faisait douter de la possibilité de les charger, sans danger, d'une nouvelle construction. C'est, probablement, vers cette époque que se produisirent des déversements dans les piliers de la croisée et des lézardes dans les murs Est et Ouest de la tour.

Nous venons de voir aussi que, deux siècles et demi après, Moussard se préoccupait de l'état des piliers et modifiait ses plans pour ne pas les surcharger. Grâce à sa prudence, les tassements et les écrasements furent insensibles pendant tout le cours du dix-huitième siècle; mais, au commencement du dix-neuvième, le mal fit des progrès. En 1824, M. Harou Romain, architecte du département, chargé de l'entretien de la cathédrale, appela l'attention de l'administration sur les signes d'écrasement qui se manifestaient dans les piliers, et fit boucher, avec du plâtre, plusieurs lézardes qui régnaient sur presque toute la hauteur des piliers N.-O., N.-E. et S.-O. Il demanda plusieurs fois l'autorisation de faire quelques travaux en reprise ; mais ses inquiétudes n'étant pas partagées, il ne fut pas donné suite à ses propositions. En 1840 ou 1841, M. Schmitt, inspecteur général des édifices diocésains, signala l'écrasement du pilier N.-O. et le mauvais état des piliers N.-E. et S.-O. Enfin, au mois de mai 1851, le jubé construit en 1698 fut enlevé pour débarrasser l'entrée du chœur. Derrière cette maçonnerie, on découvrit des lézardes et des fissures ; l'inquiétude s'accrut rapidement quand il fut constaté que ces désordres avaient éprouvé, en peu de temps, une augmentation sensible, et que les lézardes, bouchées en 1824, s'étaient rouvertes.

Le 25 janvier 1852, l'architecte diocésain proposa à l'administration un projet de restauration ; au mois de février, on commença à cintrer les deux arcs du bas côté voisin du pilier N.-O., et on plaça des étais autour de ce pilier pour empêcher le revêtement de s'en détacher. Plus tard, les cintres de ces petites arcades, ayant été jugés insuffisants, furent consolidés par un remplissage de moellons hourdés en plâtre.

Les mouvements se continuant, les lézardes s'élargissaient et il s'en formait de nouvelles. On dut, à plusieurs reprises, donner du jeu à la porte de la tour carrée, qui donne entrée dans le comble au-dessus de la nef ; elle traînait sur son seuil, par suite des progrès de la lézarde du mur Ouest de la tour et de l'ouverture de l'arc. D'après un projet adopté en avril 1853, la base de la tour fut entourée, au mois d'août, d'un chaînage en barres de fer carré de 50^{mm} sur 50^{mm}, embrassant intérieurement et extérieurement les quatre murs.

Précédemment, on avait enlevé les stalles et le petit mur de 0^m,15 d'épaisseur qui se trouvait derrière elles, entre les piliers N.-E. et N.-O., afin de poser des étais dans l'arcade Nord, en même temps qu'on en plaçait dans l'arcade Ouest, entre la nef et la croisée ; les têtes des étais furent engagées dans l'enveloppe des piliers pour la supporter. On ajouta ensuite de grands étrésillons horizontaux entre les quatre piliers de la croisée.

Les étais furent, peu de temps après, fortifiés par un remplissage en maçonnerie dans les arcades Nord et Ouest. On plaça, de chaque côté de ces étais, des fermes en bois de fort équarrissage supportant, sur des cintres doubles, les grands arcs qui retombent sur le pilier N.-O., et l'on remplit en maçonnerie les fenêtres de la nef et du transept, attenantes à ce pilier.

Comme ces moyens ne parvenaient pas à arrêter le mal et que les colonnettes, non-seulement du pilier N.-O., mais encore des deux piliers voisins N.-E. et S.-O., s'épaufraient, on proposa, en décembre 1853, de diminuer le poids de la tour par la démolition des parties supérieures, qu'on voulait démonter, pour les replacer ensuite. Les réclamations de l'évêque, de la municipalité et de la population, engagèrent à tenter de nouveaux efforts.

Sur ces entrefaites, le dimanche de la Pentecôte de l'année 1854, un fragment important d'une moulure de la deuxième arcade Nord du chœur tomba, pendant l'intervalle des offices; cet accident, qui n'amena heureusement aucun malheur, frappa cependant les imaginations et fit naître dans l'esprit des habitants une grande appréhension au sujet de la solidité de l'édifice. Par mesure de prudence, le culte fut interdit dans la plus grande partie de la cathédrale et il ne lui fut réservé que quelques travées de la nef. On établit, dans les grandes arcades Est et Ouest, des échafauds et des cintres doubles, semblables à ceux déjà posés dans les arcades Nord et Ouest; et le soutènement de ces dernières fut renforcé par des poteaux accolés.

Une nouvelle proposition de démolir la tour fut écartée par des réclamations aussi unanimes que les précédentes.

Pendant les derniers mois de cette année et les premiers de 1855, on acheva de remplir successivement en maçonnerie toutes les baies, au nombre de onze, dont les arcs reposaient sur les trois piliers compromis. L'ensemble de ces travaux est représenté dans les planches suivantes:

La planche IV donne l'élévation de l'arcade Nord prise de l'intérieur de la croisée. On y voit la disposition des échafauds et des cintres, ainsi que l'ensemble d'étais et de maçonneries successivement accumulés autour du pilier N.-O., pour contenir les désordres qui s'y produisaient.

Les planches V et VI donnent les élévations des arcades Sud et Est, avec la disposition de leurs échafauds. L'arcade Sud est vue de l'extérieur de la tour et l'arcade Est de l'intérieur.

Malgré ces travaux, aucun mouvement n'était arrêté, et l'état du monument inspirait des inquiétudes de plus en plus vives. La démolition de la coupole et de la tour, définitivement ordonnée au mois de juillet, fut commencée le 1er août.

Les protestations se renouvelèrent alors de toutes parts, plus énergiques que jamais; elles parvinrent jusqu'à l'Empereur, et, grâce à sa haute intervention, le 26 août, un ordre de M. Fortoul, ministre de l'instruction publique et des cultes, suspendit les travaux de démolition, au moment où, le dôme de Moussard étant enlevé, on allait attaquer la tour du quinzième siècle. M. Flachat fut chargé de visiter l'édifice pour émettre son avis sur la possibilité de le conserver, et voici le rapport qu'il adressa au ministre, à la suite de cette visite :

RAPPORT A MONSIEUR LE MINISTRE DE L'INSTRUCTION PUBLIQUE ET DES CULTES,
SUR LES MOYENS DE CONSERVER LA TOUR CENTRALE DE LA CATHÉDRALE DE BAYEUX.

Paris, 16 septembre 1855.

« MONSIEUR LE MINISTRE,

« Conformément aux instructions que j'ai reçues de Votre Excellence, j'ai étudié les désordres qui se sont produits dans les constructions servant de base à la tour centrale de la cathédrale de Bayeux, les moyens de les arrêter et de restaurer l'édifice.

« J'ai procédé de la manière suivante :

« Le 5 septembre, M. de Dion, ingénieur attaché aux constructions des ponts des chemins de fer de Saint-Germain et du Midi, et M. Boutin, conducteur des travaux, employé depuis plusieurs années à des constructions analogues, se sont rendus sur les lieux. Ils ont été suivis par M. Pierron, inspecteur des travaux de charpente des chemins de fer de l'Ouest et du Midi, et, le 10 septembre, par MM. E. Trélat, architecte de l'Exposition universelle, Molinos, ingénieur, chef des études de la Compagnie de Saint-Germain, et Nepveu, ingénieur-constructeur.

« Je me suis rendu ensuite à Bayeux, le 11 septembre, avec M. Crétin, architecte de la Compagnie de l'Ouest.

« J'ai trouvé les opérations de reconnaissance, foncement de puits, détermination des lézardes et affaissements, vérification des aplombs de l'édifice, terminés, et l'opinion de tous ceux qui m'avaient précédé déjà formulée par suite de ces observations.

« La discussion qui s'est faite en commun des impressions de chacun de nous me permet de donner l'énoncé suivant de notre opinion comme le résultat d'une conviction unanime.

« Il n'existe aucun désordre, ni dans les fondations, ni dans la partie supérieure de la tour; les mouvements qui ont eu lieu se sont manifestés dans les piliers. Ces désordres sont évidemment la conséquence de la mauvaise construction de ces piliers; ceux qui se remarquent dans les baies et piliers avoisinants ne sont que secondaires.

« Les travaux de soutènement qui ont été exécutés jusqu'à ce jour, loin de remplir leur but, surchargent, au contraire, les piliers, et tendent à en accélérer la destruction. Ces travaux consistent, en effet, en murs au moyen desquels on a rempli les baies qui avoisinent les piliers, en cintres placés sous les arceaux de la tour. Ces cintres, ainsi que les murs des baies inférieures, ont été posés sur un sol de remblais; ils ont tous subi des tassements, et par conséquent ne supportent et ne pourraient, en aucun cas, rien supporter du poids de la tour, tandis que les murs des baies supérieures n'ont d'autre effet que de charger inutilement les piliers de la moitié de leur poids.

« Nous avons été mis à même de connaître l'opinion écrite de MM. Tostain et Fessard, ingénieurs des ponts et chaussées, et celle de M. Viollet-Le Duc, architecte, et notre opinion s'est rapprochée de celle des premiers.

« Le point sur lequel nous partageons absolument l'opinion de tous est l'urgence de prendre un parti ; le mal primitif et l'aggravation qu'ont produite les remèdes le rendent de plus en plus nécessaire.

« Pour obtenir un soutènement efficace, il faut rechercher des points d'appuis incompressibles. Afin de nous rendre compte de l'état actuel des fondations, nous avons pratiqué une fouille au pied de l'un des piliers, ce qui nous a permis de reconnaître que ces fondations ne descendaient pas jusqu'au roc, qu'elles reposaient sur une argile compacte, capable seulement d'une résistance limitée, et qu'à défaut d'empatement elles ne peuvent fournir sans danger des points d'appuis aux étais.

« En présence de cet état de choses, nous avons la conviction que la réparation de la tour centrale est possible, et voici la suite des travaux qui, dans ce cas, devront être exécutés.

« La première chose à faire sera de prendre de solides points d'appuis qui permettent à la fois de supporter les étayements, et de contribuer puissamment à la consolidation ultérieure de l'édifice, en soulageant les fondations actuelles d'une partie du poids qu'elles supportent. Ces points d'appuis seront obtenus au moyen de cylindres métalliques remplis de béton, enfoncés sans chocs autour des fondations actuelles et pénétrant jusqu'au roc. Au mode de soutènement existant nous substituerons un système d'étrésillons en charpente, placé dans chacune des baies qui avoisinent les piliers, pour arrêter tous les mouvements latéraux. Les ogives qui soutiennent la tour carrée, et cette tour elle-même, seront soutenues par des chevalets en charpente reposant directement sur les cylindres. Pour arrêter les désordres qui pourraient se reproduire dans les piliers, pendant le cours des travaux, il faudra les cercler au moyen d'un coffrage en bois, dans lequel on coulera du plâtre. Enfin, on entourera la tour carrée de ceintures en bois, pour qu'elle n'agisse que comme un solide d'une seule pièce.

« Ces précautions, dont quelques-unes seront, sans doute, jugées superflues en cours d'exécution des travaux, permettront de reprendre en sous-œuvre en toute sécurité, partie par partie, la reconstruction des piliers.

« La dépense totale pour l'exécution de ces travaux serait, d'après le devis approximatif que nous fournissons, de 460,000 francs. Elle comprend la somme nécessaire pour rendre au monument à la fois ses conditions complètes de stabilité et de conservation dans la forme d'origine.

« Dans l'hypothèse de la démolition complète et de la reconstruction de la tour centrale, la dépense serait d'au moins 950,000 francs.

« Si enfin on voulait démolir la tour centrale, et se contenter de reconstruire les quatre piliers, de réparer les dommages subis par les parties avoisinantes, qui, dans cette hypothèse, seraient considérablement aggravés, et de prolonger simplement les toits du transept et de la nef, on n'économiserait, sur la somme de 460,000 francs, nécessaire pour la conservation de la tour, qu'environ 130,000 francs.

« Je ne veux, Monsieur le Ministre, entrer ici dans aucune considération relative soit à l'intérêt que la population du diocèse attache à la conservation de la tour centrale, soit à sa valeur artistique. Si pourtant il m'était permis de donner mon opinion, je n'hésiterais pas à dire que cette tour mérite, à tous égards, un sacrifice bien plus considérable que la faible somme que je vous ai indiquée. ´

« Je dois, en terminant, insister sur ce point que, malgré la dépense qui a été faite pour le soutènement, on ne peut avoir dans les travaux exécutés la moindre confiance. La tour porte, comme au premier jour, sur les quatre piliers écrasés; il est donc de la plus grande importance d'apporter un prompt remède à cet état de choses, et, quelle que soit la décision que vous prendrez, je vous prie, Monsieur le Ministre, de ne pas perdre de vue que chaque jour ajoute un nouveau danger et une nouvelle difficulté à la reprise des travaux. Dans les travaux de ce genre, la rapidité est un grand élément de succès. Si donc vous adoptez ce mode de reconstruction, je regarde comme indispensable que le crédit total du devis soit assuré, de manière que les travaux ne puissent subir une interruption de nature à amener des conséquences funestes.

Signé : « EUGÈNE FLACHAT. »

Comme complément du rapport qu'on vient de lire, nous allons signaler les désordres qui s'étaient produits dans les différentes parties de l'édifice.

Après la démolition du dôme, la tour centrale, composée d'un étage octogonal, d'un étage carré et des piliers qui les supportaient, conservait encore une hauteur de 50 mètres à partir du niveau des bas côtés du chœur. La partie octogonale était intacte; on y remarquait seulement quelques fentes très-anciennes et sans importance. La partie carrée offrait deux grandes lézardes, l'une dans le mur Ouest, l'autre dans le mur Est; et les clefs des arcs de la croisée étaient détachées.

LÉZARDE DANS LE MUR OUEST DE LA PARTIE CARRÉE DE LA TOUR.

La figure ci-dessus représente la lézarde du mur Ouest. Elle commençait à la clef de la porte qui conduit dans le comble et s'élevait verticalement, en suivant presque partout les joints des pierres; au-dessus de la porte, elle avait 25^{mm} d'ouverture; 2 mètres plus haut, 15^{mm}, et se terminait à 3 mètres au delà. Les voussoirs près de la clef du grand arc étaient descendus verticalement de 20^{mm} à 25^{mm}; leurs joints s'étaient ouverts d'un côté de 30^{mm}, et de l'autre de 5^{mm}. Un repère A, placé près de la porte, le 5 janvier 1855, s'était ouvert de 5^{mm}.

La lézarde du mur Est, indiquée sur la planche VI, se trouvait placée de la même manière que la lézarde du mur Ouest, mais elle était moins ouverte; au-dessus de la porte, elle n'avait que 10^{mm}. Les voussoirs n'étaient descendus que de quelques millimètres; l'ouverture des joints était de 10^{mm} d'un côté, et de 4^{mm} de l'autre. Le repère, placé également près de la porte, le 5 janvier 1855, n'indiquait aucun mouvement.

Ces lézardes traversaient les murs de part en part; elles étaient très-anciennes, mais s'étaient élargies pendant les dernières années.

On distinguait aussi deux fentes verticales très-fines, l'une intérieure, à côté de l'escalier S.-E., l'autre dans l'escalier N.-O., apparente à l'extérieur. Les murs Nord et Sud étaient intacts, ainsi que les arcs placés en dessous; mais les fentes que nous venons de décrire indiquaient une légère descente de toute la partie Nord.

Les désordres à l'intrados des arcs étaient cachés par un blindage en plâtre. Lorsqu'on découvrit ces arcs et qu'on put s'occuper de leur réparation, après la reconstruction des piliers, on trouva les voussoirs rompus à la clef des deux arcs Ouest et Est, et à la naissance Nord de l'arcade Ouest. Ces dégâts, relativement peu considérables, n'étaient que la conséquence de l'écartement des naissances Nord et Sud des arcs.

La descente des piliers avait occasionné un glissement des clefs, dans les ogives des baies voisines, et la dislocation des tympans; ces désordres graves à la partie N.-O., un peu moindres dans les parties N.-E. et S.-O, n'avaient pas atteint, à la partie S.-E., des proportions aussi inquiétantes. Les balustrades extérieures indiquaient, à la hauteur des chéneaux du grand comble, un abaissement de la tour de 50^{mm} au pilier N.-O.; de 40^{mm} au N.-E.; de 37^{mm} au S.-O., et de quelques millimètres à peine au S.-E.

Le pilier N.-O., presque complétement entouré de maçonneries en plâtre, ainsi qu'il est représenté dans la planche IV, ne laissait voir qu'une faible partie de sa surface. En a et b (pl. XVI) se trouvaient deux fissures bouchées avec du plâtre en 1824; elles ne s'étaient pas ouvertes, à partir des chapiteaux jusqu'à la hauteur de 8 mètres environ du sol; mais, plus bas, elles se confondaient avec les nombreuses fentes et épaufrures qui s'étaient produites, dans les derniers temps, à la hauteur des arcades des bas côtés et jusque près des bases. Presque toutes les pierres vues ou découvertes par des sondages, de a en b, étaient écrasées, et on ne pouvait douter que les mêmes désordres n'existassent dans l'intérieur du pilier. De *b* en *d*, ce qu'on découvrait à la partie supérieure du pilier était à peu près intact, tandis que du côté de la nef en *d* et dans le bas côté en *c*, on retrouvait les pierres du pilier et des tympans des arcades broyées et lézardées. A l'étage supérieur, le pied-droit de la fenêtre du transept, formé par un simple placage, se détachait du pilier; et, comme nous l'avons dit plus haut, les tympans de cette fenêtre du côté du pilier, ainsi que les tympans de la fenêtre de la nef, étaient broyés. Des moulures, placées dans la galerie de la nef en *a* (pl. VIII), indiquaient un affaissement total du pilier, de 105^{mm}, depuis l'époque de la construction.

Le pilier N.-E., fendu en *e* et en *f*, sur presque toute la hauteur, présentait aussi quelques lézardes et des épaufrures de fraîche date. Le mur du triforium du chœur, qui vient se prendre dans ce pilier, se lézardait en *b* et *c* (pl. VIII — fig. 1, pl. XV).

Le pilier S.-O. était, sur toute sa hauteur, fendu en *g* et *h*; la fente *g*, bouchée en 1824, s'était élargie de 10^{mm} depuis peu de temps. Les pieds-droits des fenêtres supérieures se détachaient comme ceux du pilier N.-O.

Enfin, le pilier S.-E. avait une fente en *k* et une fissure très-fine en *i*, qui paraissaient très-anciennes; mais elles régnaient l'une et l'autre sur toute la hauteur du pilier.

Placées de chaque côté des groupes de colonnettes portant les grands arcs, ces fentes indiquaient, par leur position, que les piliers étaient composés d'un noyau central et d'un revêtement qui s'en détachait. Un trou, fait vers le pied du pilier N.-O. en *a* (fig. 3, pl. XVI), avait permis de reconnaître l'existence du pilier roman intérieur, et de constater que l'enveloppe ogivale avait éprouvé une descente plus considérable que le noyau roman, auquel cette enveloppe paraissait mal reliée; ce qui donnait lieu de penser que l'enveloppe seule portait la charge, et qu'elle s'écrasait en se séparant de la maçonnerie intérieure. Les vraies causes de cette différence dans les descentes du noyau et de l'enveloppe ne furent déterminées que lorsqu'on put connaître, lors de sa démolition, la constitution intérieure du pilier.

Quant aux aplombs, ils ne donnaient aucune indication précise sur l'inclinaison des piliers, parce que les enveloppes, détachées du noyau, formaient ventre irrégulièrement; cependant, l'ensemble des vérifications démontrait l'inclinaison de la tour vers le N.-N.-O.

Rien n'indiquait que les fondations eussent cédé : toutes les fentes s'arrêtaient à la hauteur des bases, les moulures correspondantes au pied des piliers se retrouvaient au même niveau, et aucune dénivellation n'avait eu lieu dans le dallage. Il est vrai que, dans le mur de la crypte, on voyait, à une distance d'environ 6 mètres du pilier N.-E., une ancienne lézarde rouverte, mais on pouvait l'attribuer au tassement de ce mur sur ses propres fondations.

Passons maintenant aux accidents secondaires.

La poussée produite par la descente du pilier N.-O, transmise par les tympans des fenêtres du transept jusqu'au contre-fort extérieur, avait produit une déchirure de 25^{mm} dans les maçonneries de cet angle, qui était affaibli par le vide d'un escalier. On voit la lézarde dont nous parlons dans la planche III.

Les deux premiers piliers de la nef présentaient quelques fentes, malgré leur forte dimension.

Enfin, l'ensemble de la partie Nord du chœur, poussée par le pilier N.-E., cédait, en faisant incliner vers l'Est les piliers qui le supportaient; le premier s'épaufrait à sa base du côté Est, et les deuxième et troisième suivaient ce mouvement; le mur du triforium, qui se trouve au-dessus, se lézardait, comme nous l'avons vu plus haut.

Pour compléter cette description, il nous reste à faire connaître, en quelques mots, l'état des travaux de consolidation qui avaient été exécutés.

Les murs de remplissage des baies qui avoisinent les piliers, quoique hourdés en plâtre, s'étaient tous affaissés; ils avaient quitté les arceaux, au lieu de les soutenir, et il s'était produit des lézardes horizontales de plusieurs centimètres d'ouverture, principalement à la hauteur des chapiteaux, dont la saillie retenait les moellons. L'affaissement était de 0^m,03 à 0^m,04 dans les baies inférieures, dont la hauteur est de 6 à 7 mètres; et de 0^m,06 à 0^m,10 dans les baies supérieures ayant de 8 à 10 mètres. Il résultait de là que les murs de remplissage des arcades supérieures, dont l'épaisseur était de 1^m,50 à 1^m,80, reposaient complétement sur les arcades inférieures, chargeaient les piliers de la moitié de leur poids et augmentaient, dans des proportions considérables, la poussée horizontale de ces arcades. Quant aux remplissages des baies inférieures, ils ne pouvaient pas aider au soutènement; car, outre leur tassement propre, ils avaient l'inconvénient de reposer sur le dallage ou sur des marches.

Les échafauds des grands cintres Nord et Ouest et les étais reposaient également, par l'intermédiaire d'un ou de deux rangs de chantiers en sapin, sur le dallage de la cathédrale, en dessous duquel on trouvait 4 ou 5 mètres de remblais et de terre végétale, ainsi que de nombreux tombeaux; ce point d'appui n'offrait donc aucune résistance sérieuse. De plus, les chantiers, les semelles et les chapeaux en sapin, coupant transversalement les montants verticaux, formaient ensemble une épaisseur de 1^m,60 à 2 mètres, susceptible d'une diminution de 0^m,15 à 0^m,20, par suite du desséchement des bois et d'une compression un peu notable. Les échafauds Est et Sud reposaient sur de simples semelles posées sur le dallage.

La taille des bois ne présentait pas non plus de bonnes conditions de résistance. Les pièces, formant les montants verticaux, étaient assemblées à sifflet; aucun joint n'était coupé exactement, et le jeu, entre les pièces, était quelquefois de 15^{mm}. A raison du biais, les cintres soutenant une arcade chevauchaient l'un sur l'autre; les vaux ne recevaient les couchis que sur une arête, et les vides laissés entre les bois, étaient garnis de plâtre. Les têtes des étais, coupées en biseau, pénétraient de 0^m,70 dans de grands trous faits au pilier; deux trous, placés à la même hauteur, diminuaient la section résistante du pilier, et il n'était pas étonnant que les mouvements ne se fussent pas arrêtés, après la pose de ces étais.

Les échafauds, dans ces conditions, ne portaient naturellement aucune charge; en effet, le cintre de l'arcade Ouest était séparé de l'arceau de 15^{mm}, depuis le pilier S.-O. jusqu'à la clef, et de 2 à 3^{mm}, depuis la clef jusqu'au pilier N.-O.; le cintre de l'arcade Nord offrait un jour de 20^{mm}, du côté du pilier N.-E., et touchait à l'arceau près du pilier N.-O.; le cintre de l'arcade Est était descendu uniformément de 10^{mm}, et les couchis de 25/25^{cm} formant voûte reposaient en partie sur les chapiteaux des piliers qu'ils auraient dû soulager; le cintre de l'arcade Sud avait aussi éprouvé une descente de 10^{mm} environ.

Mais il est à remarquer que ces mesures, prises sur les joints garnis en plâtre des couchis et des vaux, ne donnaient qu'une appréciation imparfaite du relâchement des bois; tous les joints étaient plus ou moins desserrés, et les échafauds ne pouvaient tasser sur eux-mêmes, parce qu'ils étaient soutenus, soit par les étrésillons horizontaux, soit par les étais engagés dans les piliers. Les couchis, les étais et les parties d'échafauds en contact avec le plâtre, étaient pourris plus ou moins profondément.

La tour carrée avait été entourée, à sa base, avec un double rang de tirants en fer, bien placés pour arrêter la poussée; mais on ne pouvait s'y fier parce qu'ils n'éprouvaient qu'une faible tension, et que les ancres qui transmettaient l'effort sur les maçonneries, ne présentant qu'une surface d'appui insuffisante, eussent fait rompre la pierre, si la compression fût devenue énergique.

Pour mieux s'assurer de l'état des fondations, on fit descendre, jusqu'au terrain sur lequel elles reposaient, une fouille déjà commencée près du pilier S.-O.; on put alors reconnaître que les maçonneries, formant empatement autour de la base des piliers, ne descendaient qu'à une profondeur de 2^{m},50 en contrebas du niveau des transepts. A ce point, la fondation se rétrécissait brusquement, et sa section ne paraissait pas être plus considérable que celle des piliers. Cette dernière partie de la fondation, parfaitement conservée, était probablement l'ancienne fondation romane; elle reposait sur l'argile à 4^{m},40 de profondeur. La fouille fut remplie, immédiatement après, avec du béton, afin d'éviter tout accident.

M. Flachat, certain désormais que tout le mal était concentré dans les piliers, jugea que, quelque compromis qu'ils fussent, ils avaient conservé assez de vigueur pour résister encore quelques mois; que la marche des désordres ne s'accélérerait pas assez rapidement pour empêcher la continuation méthodique des travaux; et qu'en imprimant à ceux-ci une grande activité, on parviendrait à arrêter à temps la ruine du monument. L'étude qui venait d'être faite établissait, en effet, que les fondations et la tour, ainsi que toutes les autres parties de l'édifice dans lesquelles le mouvement des piliers n'avait pas occasionné de désordres, étaient dans un remarquable état de conservation.

Un seul des piliers (celui qui supportait l'angle N.-O. de la tour) était dans un état assez avancé de dégradation pour inspirer la crainte d'un accident imminent; on ne pouvait songer toutefois à conserver les trois autres. Ceux-ci étaient, à la vérité, moins endommagés, mais leurs fentes, disposées de la même manière et ne différant que par leur importance, indiquaient les mêmes vices de construction, et faisaient prévoir que, pour chacun d'eux, les mêmes travaux dispendieux deviendraient successivement nécessaires. L'accroissement rapide des désordres, surtout dans le pilier N.-E., montra, par la suite, la justesse de cette appréciation.

L'état des piliers et la charge considérable qu'ils supportaient (15 à 18 kilogrammes par centimètre carré) rendaient impossible une reprise partielle, même en les déchargeant d'une partie du poids de la tour. Il fallait donc établir un ensemble de charpentes capables de supporter, pendant la reconstruction, cette masse qui ne pesait pas moins de 3,700,000 kilogrammes jusqu'aux naissances des grandes arcades, soit plus de 900,000 kilogrammes par pilier. Ce n'était point la construction de cette charpente qui pouvait offrir des difficultés; plusieurs moyens existent, en effet, pour donner aux échafauds la force et la rigidité nécessaires; mais il fallait lui trouver un point d'appui offrant des garanties de stabilité et d'incompressibilité, pour ne pas voir la tour se disloquer dans un mouvement de descente, pendant qu'on reprendrait les piliers l'un après l'autre. On ne pouvait songer à s'appuyer sur le bord des fondations existantes, sans s'exposer à les déverser; car elles pouvaient être arrivées à la dernière limite de leur résistance.

En prenant une large base, sur un grillage en bois qui aurait couvert le plus grand espace possible autour des piliers, on n'aurait obtenu qu'un appui compressible; avec des poutres en fer, ce grillage devenait extrêmement coûteux.

On pouvait encore fonder en croix, entre les piliers et suivant les axes du chœur et des transepts, deux murs sur lesquels on aurait disposé les échafauds en éventail; mais la fouille qu'il eût fallu descendre jusqu'au terrain solide, se trouvant trop près des fondations, aurait amené un changement d'équilibre dans les terrains sur lesquels elles reposent; cette perturbation était de nature à occasionner des tassements et par la suite la ruine de la tour, à cause de l'état d'écrasement où étaient déjà les piliers; il fallait donc aller chercher le terrain résistant, sans faire varier la compression du sol.

Le système des pieux à vis fut rejeté, l'urgence des travaux ne permettant pas d'attendre la fabrication des pieux. On préféra l'emploi de tubes en métal, tranchant le terrain au fur et à mesure de l'enlèvement des terres; par ce moyen, rien n'était changé à la pression des terrains environnants, et les tubes, une fois descendus, devaient être remplis de béton et recouverts d'un massif de $2^m,50$ d'épaisseur, également en béton.

On obtenait ainsi une fondation capable de supporter les échafauds; et, en ayant soin de relier le massif en béton avec les anciennes fondations, on arrivait à les consolider, indépendamment de la stabilité donnée au sol par la compression que cette masse produisait sur le pourtour.

Les tubes pouvaient être faits en tôle ou en fonte. Les tubes en fonte ont plus de poids pour le même prix et opposent une plus grande résistance à la déformation; mais le grand avantage des tubes en fer était la possibilité de les avoir rapidement. Ils furent donc adoptés et leur diamètre fut fixé à $1^m,20$, dimension suffisante pour permettre à un homme de travailler à l'intérieur.

On s'était proposé d'enfoncer les tubes jusqu'au rocher, dont un sondage, fait précédemment dans la cour au Nord et à peu de distance de la cathédrale, avait révélé l'existence à 10 mètres en dessous du niveau des transepts; mais, avant de prendre une décision définitive sur ce dernier point, on voulut attendre le résultat des sondages qu'il était nécessaire d'exécuter auprès de chaque pilier.

Le nombre des tubes fut déterminé par les deux conditions suivantes : obtenir une surface assez résistante et assez large pour y placer facilement les échafauds qui devaient supporter la tour; augmenter la résistance des anciennes fondations. Ces conditions furent remplies en plaçant cinq tubes autour de chaque pilier; deux sous chaque grande arcade, pour porter les charpentes; un dans l'angle extérieur, pour assurer la solidité de ce côté et soutenir un poteau.

Chaque tube ayant une section de $1^{mq},13$, l'ensemble des vingt tubes offrait une surface d'appui de $1^{mq},13 \times 20 = 22^{mq},60$, pour supporter la tour et les échafauds, soit environ 4,000,000 de kilogrammes; ce qui donne une pression de $\dfrac{4,000,000}{226,000} = 17^{kil},8$ par centimètre carré. Mais si l'on tient compte de la charge que les massifs de béton, de 160 mètres carrés de superficie, étaient capables de prendre, on trouve que ce coefficient doit être considérablement diminué.

Afin que de nouveaux accidents ne vinssent pas compliquer la situation, il était important de cercler la base de la tour, d'une manière plus complète, pour la forcer à se mouvoir comme une seule masse. La poussée des grandes arcades devait aussi être neutralisée directement par des tirants, placés à la hauteur des naissances. Pour arrêter la déformation croissante des piliers et les rendre plus capables de résister au poids qui les écrasait, on résolut de les entourer d'un coffrage. Enfin, toutes les baies environnant les quatre piliers durent être solidement étrésillonnées, afin d'empêcher les mouvements de se propager dans le chœur, la nef et les transepts, et de limiter les désordres au centre de l'édifice.

La marche générale des travaux a été suivie telle que nous venons de l'exposer, sauf quelques modifications jugées nécessaires par une étude plus complète des différentes parties de l'édifice. Si les prévisions du devis provisoire ont été dépassées, c'est que des accidents secondaires, survenus après l'enlèvement des maçonneries de remplissage et des premiers échafauds, ont exigé des reprises importantes; que d'autres restaurations urgentes ont été faites; qu'une pierre plus résistante que celle à laquelle on avait d'abord songé fut employée à la reconstruction des piliers; enfin, que ces travaux, qu'il eût été plus facile d'exécuter en dix-huit mois, ont duré quatre ans, par suite de la lenteur des crédits.

III

TRAVAUX DE SOUTÈNEMENT.

§ 1. Sondages. — Travaux préliminaires.

La fin du mois de septembre et le commencement du mois d'octobre furent employés, en attendant l'acceptation définitive des projets de M. Flachat, — à opérer des sondages; — à faire quelques travaux préliminaires, tels que l'enlèvement des échafauds destinés à la démolition de la tour octogonale, la couverture de cette tour, la clôture des chantiers, etc.; — à prendre des renseignements sur les matériaux de construction et sur les bois pour les échafauds; — enfin, à établir la série de prix et les marchés.

La pierre des carrières d'Aubigny, près de Falaise, fut choisie pour la reconstruction des piliers; on écarta l'emploi des pierres d'Orival, de Fontaine-Henri et de Caen, parce qu'elles étaient trop tendres, et celle de Ranville, comme offrant une teinte jaune désagréable à l'œil.

Quant au bois de sapin nécessaire pour les échafauds, il s'en trouvait peu à Caen, et pas du tout au Havre, ni à Rouen. On prit tout ce que l'on put acheter et, plus tard, malgré quelques arrivages, on fut forcé d'en faire venir de Paris.

Dans les premiers jours d'octobre, on commença les sondages pour déterminer la nature du terrain et fixer la longueur des tubes à enfoncer. Quatre sondages furent faits du 8 au 15 octobre, dans la croisée, auprès de chacun des piliers;

nous en donnons les résultats généraux ; la moyenne est prise sur les quatre sondages.

NATURE DES TERRAINS.	ÉPAISSEUR DES COUCHES.			PROFONDEUR TOTALE à partir du niveau des transepts.		
	MINIMA.	MAXIMA.	MOYENNES.	MINIMA.	MAXIMA.	MOYENNES.
Décombres et remblais............	$3^m,25$	$4^m,10$	$3^m,75$			
				$3^m,25$	$4^m,10$	$3^m,75$
Terre végétale mélangée d'éclats de briques	0 ,80	1 ,50	1 ,15			
				4 ,10	5 ,15	4 ,90
Argile jaune ordinaire............	0 ,70	1 ,20	0 ,90			
				5 ,15	5 ,85	5 ,70
Argile jaune très-compacte, dont la partie supérieure contient des galets...........................	1 ,45	2 ,00	1 ,70			
				6 ,80	7 ,80	7 ,50
Argile verte très-compacte........	0 ,70	1 ,00	0 ,80			
				7 ,80	8 ,50	8 ,30
Argile grise très-compacte avec bélemnites........................	0 ,60	1 ,10	0 ,95			
				8 ,90	9 ,50	9 ,25

On trouvait donc, à une profondeur maximum de $5^m,15$, l'argile sur laquelle reposent probablement les fondations de la cathédrale ; une argile très-compacte à $5^m,85$; et le rocher à $9^m,50$. Mais, avant d'arriver à cette dernière profondeur, on rencontrait des bancs alternatifs de roche et d'argile, entre lesquels se trouve la nappe d'eau qui alimente les puits des environs et notamment le puits existant dans le transept Nord de la cathédrale. Un cinquième sondage, fait dans le bas côté de la nef, près du pilier S.-O., afin de s'assurer de la profondeur des empatements qui entourent les fondations, confirma l'opinion qui était résultée de l'inspection de la fouille faite de l'autre côté du même pilier, à savoir que ces empâtements s'arrêtaient dans les décombres.

Après avoir constaté l'existence d'une couche puissante d'argile très-compacte, on résolut de la prendre pour point d'appui des tubes, en les y engageant de quelques décimètres ; il n'y avait plus à craindre alors, comme dans le cas où l'on serait descendu jusqu'au rocher, ni les effets nuisibles de l'eau, ni le peu d'homogénéité des bancs successifs de roche et d'argile, ni enfin le danger de toucher à un terrain de beaucoup en contre-bas des fondations.

Une des premières préoccupations devait être de constater l'intensité et la direction des mouvements qui se produisaient dans les différentes parties de l'édifice. A cet effet, on plaça des repères multipliés sur toutes les fentes et lézardes; c'était une légère couche de plâtre reliant les deux bords de la fente, et sur laquelle on inscrivait la date. Les mouvements des principales lézardes étaient notés sur un papier collé sur le mur. L'observation des bords de la fente permettait de voir quel était le mouvement relatif des maçonneries qui se séparaient. Plusieurs centaines de ces repères étaient distribuées sur toutes les surfaces de l'édifice et, chaque jour, ils étaient minutieusement visités; une grande importance était attachée aux indications qu'ils fournissaient.

Afin de s'assurer directement du mouvement de descente, on fixa, sur les murs de la tour carrée, des règles en bois de 26 mètres de longueur, descendant jusqu'au sol, le long de chaque pilier. Leur extrémité faisait marcher une aiguille dont le centre de rotation était fixé sur la base du pilier, et dont la pointe indiquait les mouvements, en les quintuplant. Mais les bois se rallongeant et se raccourcissant selon l'état hygrométrique de l'air, la descente réelle ne pouvait être appréciée que par conjecture; car le raccourcissement, par un vent sec, était quelquefois de 3^{mm} en vingt-quatre heures, et atteignait plus de 6^{mm} au bout de quelques jours. Les repères placés sur les fentes et lézardes des fenêtres, des arcs et des tympans, donnaient des indications plus positives.

Pendant plus d'une année, jusqu'à ce que le soutènement fût terminé, on tint note, plusieurs fois par jour, de la marche des règles, de la température, de la variation des vents et de l'état de l'atmosphère. La descente des règles a été, du 30 janvier au 30 avril 1856, de 16^{mm} pour le pilier N.-E. et de 20^{mm} pour le pilier N.-O.

On essaya d'obtenir des résultats plus exacts au moyen d'une tige en fer de 26 mètres de longueur, disposée de la même manière, et que l'on ramenait à sa longueur primitive par le calcul de sa dilatation. Mais il y avait encore deux sources d'erreur, dont l'ensemble faussait les résultats de plus de 3^{mm} : la lente dilatation du pilier pendant l'été et la température inégale de la tige;

à la hauteur des fenêtres, un courant d'air réchauffait le matin et refroidissait le soir cette tige, sur une portion de sa longueur.

L'encombrement des travaux dans un espace restreint, encombrement qui est un obstacle pour les observations exactes, n'a pas permis d'en faire de suivies, avec le fil à plomb.

La connaissance intime de l'édifice, soit comme équilibre des forces, soit comme construction, soit comme nature de matériaux, donne seule moyen de tirer des déductions de ces observations journalières, si variées et quelquefois contradictoires. Il faut aussi toujours tenir compte de l'élasticité de la pierre, qui permet des déformations et des tensions considérables, sans rupture apparente de l'édifice, ainsi que de ses changements d'état qui sont très-sensibles par les variations de température combinées avec l'humidité ou la sécheresse.

§ 2. Etrésillonnement et blindage des baies avoisinant les piliers.

Le 12 novembre 1855, le ministre accepta d'une manière officielle les propositions de M. Flachat, pour la consolidation de la tour centrale de la cathédrale de Bayeux, et l'on put commencer à prendre des dispositions pour faire marcher les travaux avec activité.

Pendant les mois de septembre et d'octobre, les mouvements avaient été insensibles; quelques-uns des nombreux repères en plâtre, placés sur les lézardes, s'étaient fendus, mais non d'une manière menaçante; la tour achevait d'écraser le pilier N.-O. et fatiguait les deux piliers N.-E et S.-O. placés en diagonale. On ne connaissait pas encore assez l'édifice pour coordonner les observations recueillies et se rendre compte de la cause de tous les désordres; mais ce que l'on avait vu indiquait impérieusement la nécessité d'un travail rapide, sous peine de compromettre le succès de l'entreprise. Quel que fût d'ailleurs l'état de la construction, on admit en principe qu'il fallait la fortifier de plus en plus, et ne détruire les travaux existants qu'après en avoir établi d'autres plus solides.

On s'empressa d'abord d'enlever, de dessus les voûtes de la nef, du chœur et des transepts, les débris d'ardoises, de moellons et les décombres de toute sorte qui, depuis bien des années, s'y étaient accumulés et les surchargeaient. Il y en avait 148 mètres cubes, dont le poids, de plus de 200,000 kilogrammes, augmentait considérablement la poussée des voûtes et, dans un moment donné, aurait pu accroître les mouvements des maçonneries.

Les étrésillonnements et les étayements, qui devaient arrêter les mouvements latéraux dans les baies avoisinant les grands piliers, furent immédiatement entrepris. Parmi ces baies, onze étaient remplies de maçonneries, à savoir : quatre baies accolées au pilier N.-O., trois baies accolées aupilier N.-E., et quatre baies accolées au pilier S.-O. — Ce fut par celles qui étaient restées libres que le travail fut commencé.

L'étrésillonnement qui fut employé consistait en deux ou trois fermes affectant la forme de la baie, composées chacune d'un cintre supporté par deux poteaux de $0^m,25$; des couchis étaient placés sur les cintres et le long des poteaux. Des étrésillons, allant d'un poteau à l'autre d'une même ferme, servaient à les presser contre les maçonneries qu'ils devaient soutenir. Ces étrésillons se rencontraient bout à bout, deux par deux, aux points où ils venaient s'appliquer sur les poteaux; au moyen de coins, on pouvait éloigner leurs abouts et, par suite, augmenter leur pression. L'espace compris entre les couchis et les colonnettes des fenêtres ou des piliers, était rempli par une maçonnerie de moellons et plâtre formant blindage et répartissant, d'une manière uniforme sur toute la surface des piliers, la pression des étrésillons. Pour préserver les moulures de toute rupture, les refouillements profonds, qui donnent tant de légèreté à cette architecture, furent garnis d'un béton maigre, composé de sable et de 15 pour 100 de chaux. On évita l'emploi du plâtre, dont la force d'expansion eût causé des dégâts (pl. III).

Ce système, tout en maintenant, comme des murs pleins bien construits, la forme des arcades, offrait à la fois l'avantage d'une plus grande légèreté, la possibilité d'augmenter la pression en serrant les bois, et la facilité de le modifier ou de l'enlever lors de la reconstruction.

Les baies placées immédiatement à côté des grands piliers furent toutes étrésillonnées, afin de reporter la pression sur les piliers voisins ; ces derniers furent eux-mêmes soutenus, à tous les points correspondant aux étrésillons, par des étais placés dans la baie suivante, et les moyens indiqués plus haut pour répartir la pression furent également adoptés pour cet étayement. Lorsqu'une baie supérieure était étayée, la baie inférieure correspondante était étrésillonnée.

L'ensemble de ce travail formait huit contre-forts qui rayonnaient autour de la croisée et reportaient, de baie en baie, jusqu'au sol résistant, les poussées que les grands piliers pouvaient produire en un point quelconque de leur hauteur.

Le côté Nord du chœur était, de toutes les parties de l'édifice, celle où l'on craignait le plus de voir augmenter les accidents secondaires. En effet, le pilier N.-E. s'écrasait de plus en plus ; le mur du triforium, situé au-dessus des arcades inférieures, offrait deux grandes lézardes qui augmentaient chaque jour ; et de plus, en enlevant le remplissage en maçonnerie de l'arcade située au-dessous de ce mur, on découvrit que les moulures du premier pilier du chœur n'avaient pas été remplies, que les moellons appuyés sur les colonnettes les avaient brisées et que, des fissures s'étant produites transversalement, le pilier s'était rompu depuis les chapiteaux faisant face au pilier N-E, jusqu'à la base du côté opposé.

Ce fut de ce côté que furent exécutés les premiers travaux de soutènement, en commençant par les baies les plus éloignées ; elles étaient toutes libres, à l'exception de la baie inférieure accolée au pilier N.-E. On étrésillonna ou étaya quatre baies inférieures, deux baies du triforium et deux fenêtres du haut. Plus tard, les désordres devinrent tellement graves, que l'on fut obligé d'ajouter une ferme supplémentaire à la première baie de chacun de ces étages, pour soutenir les ogives qui se brisaient.

La planche I représente le plan de l'ensemble des travaux exécutés, et donne une coupe horizontale des arcades inférieures.

La planche II montre une élévation de l'ensemble des travaux de soutènement exécutés dans la partie Nord du chœur et de la nef.

La planche XV, fig. 1, donne le détail du soutènement du triforium et de l'étage supérieur du chœur, avec l'indication des principales lézardes.

Le côté Sud du chœur fut l'objet de travaux analogues; mais, comme le pilier S.-E. avait peu souffert, les mouvements y étaient à peine sensibles; tout faisait espérer que les travaux marcheraient avec assez d'activité pour empêcher qu'il fût aussi compromis que le côté Nord; aussi, les travaux d'étrésillonnement y furent-ils beaucoup moins considérables. A la partie inférieure, deux arcades seulement furent soutenues; au triforium et à l'étage supérieur, les baies accolées au pilier S.-E. furent seules étayées.

Tandis que l'on soutenait celles des baies restées libres autour des grands piliers, on débarrassait les autres des maçonneries qui les obstruaient, afin de pouvoir les étrésillonner. Cet enlèvement devait être fait avec beaucoup de précautions, à cause des tassements que ces maçonneries avaient éprouvés. On se proposait de les démolir d'abord sur $0^m,60$ d'épaisseur, en étrésillonnant la partie devenue libre, et d'enlever ensuite le reste du mur pour compléter l'étrésillonnement. Ce système dut être abandonné; l'intérieur des murs était presque en pierres sèches, de sorte que la partie à conserver s'écroulait sur les ouvriers. On s'assura alors que ces maçonneries étaient bien complétement détachées des arceaux, et que l'on pouvait enlever sans danger la partie formant cintre. Arrivé à la hauteur des chapiteaux, on put voir qu'elles s'étaient retirées sur elles-mêmes et en se séparant latéralement de 2^{mm} à 3^{mm}, sur toute la hauteur des pieds-droits; le plâtre avait été noyé et n'offrait aucune consistance. Au fur et à mesure de la démolition, on plaçait des étais provisoires, qui furent enlevés lors de la pose des étrésillons définitifs.

Ces maçonneries, par leur charge verticale, écrasaient les piliers et tendaient à les déverser vers la croisée, en augmentant, d'une quantité très-considérable, la poussée des arcades qui les soutenaient; ainsi le poids de celles qui se trouvaient dans les deux fenêtres supérieures, à côté du pilier N.-O., était d'environ 250,000 kilogrammes, et l'on put constater, au moment de la démolition, que ce pilier avait éprouvé en ce point un déversement d'environ $0^m,10$. Il était donc à craindre que l'enlèvement de ce poids, venant modifier l'état d'équilibre des parties surchargées, n'augmentât les désordres, en provoquant d'autres mouvements. Une attention très-grande dut être apportée à l'examen des repères et à la pose des étais provisoires.

Nous donnons, dans le tableau ci-dessous, la marche de ce travail; il nous a occupé, presque exclusivement, pendant le mois de décembre; dans les mois de janvier, février et mars, il se faisait simultanément avec les fondations, le blindage des grandes arcades et la pose des ceinturages.

INDICATION DES BAIES.	DÉMOLITION DES REMPLISSAGES en maçonnerie.		ÉTRÉSILLONNEMENT et BLINDAGE terminés.	OBSERVATIONS.
	Commencé.	Terminé.		
PILIER NORD-EST.				
4 arcades inférieures du chœur...	17 nov. 1855	3 déc. 1855	17 déc. 1855	Une baie avait été maçonnée.
2 arcades du triforium..........	»	»	28 déc. 1855	
2 fenêtres supérieures..........	»	»	29 déc. 1855	
2 fenêtres du transept Nord.....	26 nov. 1855	9 déc. 1855	2 janv. 1856	*Idem.*
1 arcade du bas côté...........	20 janv. 1856	27 janv. 1856	4 févr. 1856	*Idem.*
PILIER NORD-OUEST.				
2 fenêtres du transept Nord.....	26 nov. 1855	9 déc. 1855	2 janv. 1856	*Idem.*
1 arcade du bas côté...........	10 mars 1856	12 mars 1856	15 mars 1856	*Idem.*
2 fenêtres de la nef...........	17 déc. 1855	2 janv. 1856	26 janv. 1856	*Idem.*
1 arcade de la nef............	28 févr. 1856	29 févr. 1856	4 mars 1856	*Idem.*
PILIER SUD-OUEST.				
2 fenêtres de la nef...........	17 déc. 1855	12 janv. 1856	15 févr. 1856	*Idem.*
1 arcade de la nef............	23 févr. 1856	29 févr. 1856	8 mars 1856	*Idem.*
2 fenêtres du transept Sud......	3 janv. 1856	5 févr. 1856	28 févr. 1856	*Idem.*
1 arcade du bas côté...........	3 janv. 1856	5 févr. 1856	28 févr. 1856	*Idem.*
PILIER SUD-EST.				
2 fenêtres du transept Sud...... 1 arcade du bas côté...........	»	»	8 mars 1856	
1 chapelle paroissiale.........	»	»	26 févr. 1856	
2 arcades du chœur........... 1 arcade du triforium.......... 1 fenêtre..................	»	»	15 févr. 1856	

§ 3. Ceinturage de la tour.

Les murs Est et Ouest de la tour carrée, quoique bien construits et parfaitement conservés, présentaient deux lézardes, comme nous l'avons dit plus haut ;
pour les empêcher de s'ouvrir davantage, soit par la continuation des mouvements déjà produits, soit par les réactions obliques des échafauds destinés à les
supporter, on entoura immédiatement la tour, au-dessus des voûtes de l'église,
de deux ceintures en fer disposées de manière à pouvoir être conservées indéfi-
niment. Elles furent préférées au cerclage en bois, dont il avait d'abord été
question, et dont l'enlèvement aurait produit un relâchement des maçonneries
et peut-être quelques désordres.

Le 27 février 1856, la première ceinture en fer fut posée ; elle se composait
de quatre parties courbes de 5^m,41, placées à chacun des angles de la tour, et
réunies entre elles par des parties droites de 7 mètres de longueur, venant
s'assembler à clavettes. La section du fer était de 25 centimètres carrés.

Afin de répartir sur une plus grande surface la compression exercée sur les
angles de la tour, on y disposa des plaques en fonte, recevant le ceinturage
dans une gorge circulaire (fig. 4). La figure 2, pl. X, présente une coupe horizontale de la tour carrée, avec la disposition d'un ceinturage.

Pour obtenir le maximum d'effet utile, le ceinturage fut placé à chaud ; par
son refroidissement, il détermina une tension plus graduée et plus énergique
que celle qu'on aurait pu obtenir par le serrage des clavettes. Les quatre parties
droites furent chauffées simultanément dans des auges en tôle, pleines de
braises et disposées près de chacune des faces extérieures de la tour ; on ne laissait, entre le mur et les auges, que la distance nécessaire pour la manœuvre.
A un signal donné, les barres de fer chauffées au rouge furent mises en place
et assemblées avec les parties courbes ; on les laissa refroidir jusqu'au rouge
sombre, et alors toutes les clavettes furent posées pour remplir les vides laissés

dans les assemblages par la dilatation, et pour produire la tension en s'opposant au retrait.

Le second ceinturage fut placé, le 24 avril, de la même manière que le premier.

Le résultat obtenu par ce mode de pose fut remarquable et plus énergique qu'on n'eût pu l'espérer. Les parties Nord et Sud de la tour furent rapprochées de 4^{mm}, comme le constata la fermeture des lézardes Est et Ouest. Des repères en plâtre, mis depuis plus d'un an dans ces lézardes, se trouvèrent comprimés par le rapprochement des maçonneries et firent éclater les bords des pierres entre lesquels ils se trouvaient.

On voulut aussi tirer parti, autant que possible, de l'ancien ceinturage ; une barre de chaque tirant fut déposée et chauffée avant d'être remise en place. L'allongement qui en résulta permit d'introduire dans chaque joint des clavettes de 25^{mm} à 30^{mm}, au lieu de celles de 5^{mm} à 10^{mm} qui s'y trouvaient, et la tension produite fit courber les extrémités des barres, parce que ces dernières ne se trouvaient pas dans le prolongement l'une de l'autre (fig. 5, pl. X).

La tour se trouvait ainsi solidement comprimée, et il n'y avait pas à redouter de nouveaux désordres, même dans le cas où des affaissements notables se produiraient dans les piliers. Nous avons employé plusieurs ceintures, au lieu d'une seule, afin que l'effet important que nous voulions produire ne pût être compromis par la rupture d'une barre défectueuse ou mal soudée.

§ 4. Tirants des naissances.

Il fallait aussi détruire les poussées à la naissance des grands arcs, ce qui fut obtenu par un double rang de tirants en fer, dont la figure 1, pl. X, donne la disposition. Les deux tirants, maintenant la poussée d'une même arcade, étaient placés à 1 mètre environ au-dessus des chapiteaux; ils avaient leurs extrémités boulonnées sur des pièces en chêne de 40/40. Ces dernières étaient appuyées et calées sur les piliers, et des poutres en sapin les reliaient les unes aux autres.

Les tirants, de 25 centimètres carrés de section, et capables de supporter ensemble un effort de 150,000 kilogrammes avant de rompre, étaient composés de trois morceaux réunis par des assemblages à clavettes, comme le ceinturage de la tour ; leur serrage fut fait successivement par les mêmes hommes qui, agissant sur les écrous, au moyen de clefs de 2 mètres, donnaient aux tirants à peu près le même degré de tension.

§ 5. Fondations.

Dès le mois de décembre, on put s'occuper de l'enfoncement des tubes qui devaient servir à former le point d'appui des échafauds.

Le sol de la croisée était, comme celui du chœur, à $1^m,50$ au-dessus du niveau des transepts ; il fut abaissé de 1 mètre, afin de rendre la recherche des anciennes fondations plus facile.

Les sondages ayant signalé, comme nous l'avons vu, l'argile compacte à environ $5^m,85$ en contre-bas du niveau des transepts, on fixa la longueur des tubes à $5^m,10$; on avait ainsi un enfoncement de $0^m,75$ dans l'argile compacte, on traversait l'argile ordinaire et les décombres, sur $3^m,35$ de hauteur, et il restait 1 mètre engagé dans le massif de béton qui devait couronner et relier les cinq tubes placés autour de chaque pilier.

Chacun de ces tubes était composé de six bagues de $0^m,85$ de hauteur et de $1^m,20$ de diamètre ; la bague qui devait couper le terrain était en tôle de 10^{mm} d'épaisseur, les autres de 7^{mm} seulement. Les joints verticaux et circulaires étaient faits avec des couvre-joints intérieurs et des rivets à tête fraisée extérieurement, pour conserver la surface parfaitement unie. Les bagues arrivaient séparées pour la commodité du transport, et le montage des tubes se faisait dans le chantier ; on dut apporter beaucoup de soin à cette opération, car il était de la plus grande importance que les tubes fussent parfaitement cylindriques, afin d'éviter, pendant l'enfoncement, leur coinçage dans les terrains.

A l'emplacement de chaque tube, on faisait une fouille de 1^m,50 à 2 mètres de profondeur, suivant l'épaisseur des empâtements des anciennes fondations; celles-ci durent quelquefois être entaillées, ainsi que les bois des anciens échafauds, afin de rapprocher les tubes de la position qui leur avait été assignée. Ces difficultés expliquent l'irrégularité de leur emplacement définitif.

Les tubes, placés verticalement, étaient réglés au moyen de quatre madriers scellés au plâtre avec quelques moellons; une fois enfoncés de 1 mètre, il n'était plus nécessaire de les diriger, pourvu qu'on eût soin de les charger régulièrement. Ils n'avaient pas par eux-mêmes un poids suffisant pour vaincre la résistance de frottement due au contact des terres; aussi furent-ils chargés, le plus bas possible, avec des barres en fonte qui reposaient sur un cadre en bois et étaient maintenues par une cuve ne laissant qu'un passage circulaire de 0^m,70 (pl. IX). La saillie du deuxième couvre-joint était augmentée par un cercle en fer de 35^{mm} d'épaisseur, servant d'appui au cadre en bois. La charge et le revêtement intérieur du tube étaient complétés par quelques rangées de briques hourdées en terre grasse; au-dessus, une plate-forme annulaire en bois servait de base à cinq ou six assises en moellons, qui étaient placées au fur et à mesure de la descente.

Le chargement des barres de fonte demandait quelques précautions, à cause du peu d'épaisseur de la tôle; et on fut obligé, pour augmenter la rigidité des tubes, de les renforcer, en sus de l'anneau supportant les fontes, par un autre placé au bas de la première bague; le chargement devait ensuite être effectué uniformément sur toutes les parties de la circonférence.

Le poids du tube était de. . . . .   1,400 kilogrammes.
Celui des fontes et briques, de.   4,600
Et celui des cinq assises en maçonnerie, de. . . .   3,500

                                        Total. . . . .   9,500 kilogrammes.

Tant qu'on fut dans le remblai et la terre végétale, le tube, ainsi chargé, se maintint toujours un peu plus bas que le niveau des terres intérieures enlevées par le mineur (fig. 2); la vitesse de descente variait de 2^{mm} à 10^{mm} par minute, n'éprouvant souvent pas d'arrêts complets pour une descente de 1 mètre; elle dépendait de la quantité de terres enlevées, et atteignait $0^m,30$ à l'heure. Mais, dès qu'on entra dans l'argile, le frottement augmenta au point d'arrêter la descente; alors le mineur, après avoir déblayé les terres du milieu, en ayant soin de laisser un peu de talus contre la tôle (fig. 1), remontait, et on plaçait, sur les assises en moellons, de forts madriers, ainsi qu'une charge de pierres que l'on augmentait jusqu'à ce que le tube eût pénétré en tranchant l'argile (fig. 3). On descendait ainsi de $0^m,25$ à $0^m,30$. Il a été quelquefois nécessaire d'augmenter la charge jusqu'à 25,000 kilogrammes; mais ordinairement 15,000 kilogrammes suffisaient.

Pour enfoncer les derniers tubes, au lieu de les charger avec des pierres, comme les premiers, ce qui demandait beaucoup de temps, on fit monter, sur des madriers formant plancher, quinze à vingt hommes qui sautaient en cadence; le tube ne se décidait quelquefois à descendre qu'après dix minutes de cette manœuvre. Le mouvement, d'abord très-lent, s'accélérait subitement et la puissance vive de la masse faisait-pénétrer le tube en dessous du niveau des terres intérieures. On parvint ainsi jusque dans l'intérieur du banc d'argile compacte, sans secousse et sans avoir remué d'autre terre que celle dont le tube avait pris la place.

L'enlèvement des terres de l'intérieur des tubes était fait par quatre mineurs qui se relayaient toutes les trois heures, sans interruption de travail; un manœuvre pendant le jour, un autre pendant la nuit, enlevaient les terres avec un seau.

Dès qu'un tube était enfoncé, on le déchargeait des fontes qu'on transportait dans un autre tube, ainsi que le cercle en fer et le cadre en bois.

L'argile sur laquelle le tube arrivait était très-compacte; pour avoir une donnée sur son degré de résistance, des expériences furent faites avec une barre de fer carrée, de 50^{mm} de côté, placée debout et chargée progressivement de poids de plus en plus forts. Sous une pression de 8 à 12 kilogrammes par centimètre carré, l'argile se relevait latéralement et la barre s'enfonçait; mais il était évident qu'avec une surface de $1^{m2},13$ (section des tubes), l'argile, ne pouvant plus d'ailleurs se relever latéralement, devait supporter sans danger une pression beaucoup plus considérable.

Avant de mettre le béton dans le tube, on jetait $0^m,15$ à $0^m,20$ de sable sur l'argile du fond, afin de mieux répartir la pression. Le béton était composé de :

> $0^m,78$ de cailloux,
> $0^m,52$ de mortier;

Et le mortier contenait :

> $1^m,00$ de sable,
> $0^m,40$ de chaux hydraulique,
> 200 kilogrammes de ciment de Portland.

Des essais avaient prouvé que cette addition de ciment, augmentant considérablement la cohésion du mortier, devait assurer la résistance des colonnes en béton, si plus tard les tubes en fer étaient détruits par l'oxydation.

On préparait la fouille du massif en béton, lorsque plusieurs tubes étaient enfoncés et remplis. Dans quelques parties, la fouille fut descendue jusqu'à $2^m,80$, sur une aire en mortier qui correspondait avec le sol de la crypte et s'engageait dans les fondations des piliers. Sous les arcades des bas côtés, on trouva des murs qui furent conservés au milieu du béton.

On ne mit de ciment dans le béton du massif que pour la dernière couche de $0^m,50$ d'épaisseur, afin de faire prendre rapidement cette surface, sur laquelle on fit reposer immédiatement les anciens échafauds. La fondation, autour de chaque pilier, se composait d'une masse totale de 140 mètres cubes, offrant une surface de 40 mètres carrés.

Les premières bagues des tubes furent rivées à la fin du mois de décembre 1855; et, dans le tableau détaillé que nous donnons ci-après, on voit que les fondations commencées le 2 janvier 1856 étaient complétement terminées le 3 avril.

MARCHE DU TRAVAIL DES FONDATIONS.

DÉSIGNATION DES TUBES.	COMMENCEMENT DE LA FOUILLE.	MISE EN PLACE DU TUBE.	ENFONCEMENT t. TERMINÉ.	ORDRE DE MISE EN PLACE.	MASSIF DE BÉTON TERMINÉ.	OBSERVATIONS.
PILIER NORD-EST.						
Arcade Nord, tube dans la croisée.........	2 janv.	4 janv.	7 janv.	1		
— tube dans le transept Nord ..	9 janv.	16 janv.	18 janv.	3		
Arcade Est, tube dans la croisée.........	22 janv.	26 janv.	1 févr.	6	19 févr.	
— tube dans le chœur..........	26 janv.	2 févr.	4 févr.	7		
Tube dans le bas côté du chœur...........	6 févr.	10 févr.	12 févr.	9		
PILIER NORD-OUEST.						
Arcade Nord, tube dans la croisée.........	3 janv.	10 janv.	12 janv.	2		
— tube dans le transept Nord..	16 janv.	19 janv.	22 janv.	4		
Arcade Ouest, tube dans la croisée........	14 janv.	5 févr.	9 févr.	8	26 févr.	
— tube dans la nef..........	11 févr.	15 févr.	18 févr.	11		
Tube dans le bas côté de la nef........	15 févr.	19 févr.	20 févr. [1]	12		[1] Interruption dans le travail, faute de tube, le 21 février.
PILIER SUD-EST.						
Arcade Sud, tube dans la croisée.........	3 mars.	5 mars[2]	7 mars.	13		[2] Reprise du travail le 5 mars.
— tube dans le transept Sud....	4 mars.	9 mars.	10 mars.	14		
Arcade Est, tube dans la croisée.........	19 janv.	24 janv.	26 janv.	5	13 mars.	
— tube dans le chœur.........	26 janv.	12 févr.	14 févr.	10		
Tube dans le bas côté du chœur...........	10 mars.	15 mars.	17 mars.	15		
PILIER SUD-OUEST.						
Arcade Sud, tube dans la croisée.........	19 mars.	22 mars.	24 mars.	18		
— tube dans le transept Sud..	15 mars.	20 mars.	22 mars.	17		
Arcade Ouest, tube dans la croisée........	20 mars.	25 mars.	26 mars.	19	3 avril.	
— tube dans la nef...........	23 mars.	27 mars.	29 mars.	20		
Tube dans le bas côté de la nef...........	12 mars.	18 mars.	20 mars.	16		

§ 6. Etrésillonnement et blindage des grandes arcades. — Etayement du chœur.

Pendant le mois de janvier, le mouvement de descente de la tour centrale continuait toujours et paraissait même s'accélérer. Les moulures des piliers se brisaient, tous les jours, de plus en plus ; les montants de l'échafaud Nord prenaient charge et comprimaient les semelles de 2^{mm} à 3^{mm} du côté du pilier N.-O. [1] ;

[1] Plus tard, le 5 juillet de la même année, on remarqua, avec quelque surprise, que les couchis qui

les lézardes des parties environnant les grands piliers s'agrandissaient de quantités proportionnelles aux mouvements de descente des règles en bois ; tout indiquait, d'une manière évidente, au mois de février, que le pilier S.-O. commençait à céder à son tour, que l'écrasement du pilier N.-E. devenait aussi complet que celui du pilier N.-O., et que ce dernier, parvenu à la dernière limite de sa résistance, s'affaissait de plus en plus rapidement.

Sans se dissimuler la gravité des circonstances, M. Flachat ne sentit pas diminuer sa confiance dans le succès ; il résolut seulement d'utiliser les nouvelles fondations et les anciens échafauds pour installer un soutènement provisoire. On pouvait par leur moyen établir, dans les grandes arcades, le système d'étrésillonnement et de blindage employé dans les petites baies. En consolidant de la sorte les piliers sur leurs faces restées libres, on obtenait complétement le même résultat qu'avec le coffrage proposé dans le projet, et qu'il eût été difficile d'installer dans de bonnes conditions, à cause des tympans des voûtes et des murs du chœur qui se trouvent reliés avec les piliers sur une partie de leur hauteur.

Les nouvelles fondations, au fur et à mesure de leur achèvement, fournissaient un point d'appui solide que l'on pouvait substituer, pour les anciens échafauds, au sol éminemment compressible de la cathédrale. Lorsque les montants de ces échafauds et les croix de Saint-André furent étrésillonnés dans le sens horizontal, et que les assemblages relâchés eurent été remplis avec des coins, on posa des étrésillons sous les semelles des échafauds Est et Ouest ; par ce moyen, non-seulement on reportait la charge verticale sur les fondations, mais encore, en les serrant, on remédiait à l'affaissement que les charpentes avaient éprouvé, sous la double influence du retrait des bois et des tassements du sol. En produisant cet effort vertical, il n'y avait pas à redouter de faire glisser les tympans sur les cintres, car les tirants et les ceinturages, précédemment décrits, ramenaient à la verticale toutes les forces divergentes. Les étrésillons furent

recouvraient cet échafaud étaient libres sous les cintres ; et ce ne fut que lors de l'enlèvement de ces anciens échafauds que l'on découvrit que la semelle en sapin, pourrie dans la partie en contact avec les montants, cédait sous la simple charge de ceux-ci.

serrés avec force par un coin chassé au verrin, entre les têtes ; des détentes et un boulon assuraient leur position. L'échafaud Ouest fut soulevé de 10^{mm}, et l'échafaud Est de 35^{mm} ; malgré ce relèvement, les cintres ne touchaient pas encore les arceaux, et les vides entre les deux furent remplis par un coulis en plâtre.

La planche VI montre les échafauds de la baie Est, tels qu'ils étaient à notre arrivée ; et la planche VII les représente après les modifications que nous venons de décrire.

Par les mêmes moyens, l'échafaud Sud, dont les semelles se trouvaient à 5 mètres au-dessous du sol, put être relevé de 50^{mm} ; la planche V donne la position de ces étais, et l'ancienne disposition en pointillé. Sous les semelles de l'échafaud Nord, placées près du sol des transepts, on bloqua l'intervalle entre les chantiers avec des moellons durs et du ciment ; des coins, chassés entre la semelle et la maçonnerie, assurèrent l'efficacité du point d'appui.

Des couchis de 0^m,08 d'épaisseur furent placés le long des montants verticaux, et les piliers furent blindés en maçonnerie de plâtre, comme on l'avait fait pour les petites baies.

Le blindage des grandes arcades, commencé pour chacune d'elles dès que l'avancement des fondations le permettait, fut poussé avec activité, jour et nuit, et exécuté dans les délais suivants :

L'arcade Est,   commencée le 5 mars, fut terminée le 28 mars.
L'arcade Nord,   —   12 mars,   —   31 mars.
L'arcade Ouest,   —   14 mars,   —   5 avril.
L'arcade Sud,   —   5 avril,   —   14 avril.

En même temps, on s'occupait, avec non moins d'activité, d'un travail tout aussi urgent et fort délicat. Les remplissages en maçonnerie des baies inférieures accolées au pilier N.-O., du côté de la nef et du côté du transept, avaient tassé d'environ 30^{mm} ; on avait bouché l'ouverture qui s'était produite et, depuis, ce rejointoiement avait pris charge et s'écrasait, pendant que les parements des tympans se séparaient.

Quel que fût le danger de toucher à cette partie, la plus compromise de tout l'édifice, il était urgent de remplacer, par un soutènement solide, un remplissage qui n'inspirait aucune confiance. Le travail de substitution des étrésillons en bois à la maçonnerie fut entrepris d'abord dans la baie de la nef et poussé sans relâche ; la démolition du remplissage, la pose des étais provisoires pour soutenir le tympan accolé au pilier, la mise en place des étrésillons et la construction de la maçonnerie de blindage, furent exécutées en quatre jours, du 28 février au 2 mars. Aucun mouvement apparent ne suivit ce travail.

On procéda ensuite à la même opération dans la baie du transept, dont le remplissage subissait une forte pression ; et, comme elle paraissait soutenir une partie de la charge générale, on eut la précaution de placer sous le tympan deux chevalements. Cette substitution, exécutée, comme la précédente, en quatre jours, fut terminée le 14 mars. Par suite de ce travail, les conditions d'équilibre furent modifiées, les règles en bois indiquèrent un mouvement de descente, et quelques fissures se produisirent.

La démolition des remplissages mit à découvert, du côté de la nef, la surface du pilier broyée et couverte de lézardes ; du côté du transept, les désordres étaient encore plus graves : des fentes nombreuses régnaient sur toute la hauteur de l'arcade, et l'une d'elles avait 35^{mm} de largeur.

Dans les arcades Nord et Ouest, les faces du pilier étaient contre-butées par deux éperons en maçonnerie qui entouraient les étais ; en les démolissant, par partie et avec précaution, pour y substituer un nouveau blindage, on découvrit, du côté de l'arcade Ouest, entre les deux colonnes principales du pilier, une fente de 40^{mm} de largeur qui se prolongeait sur la moitié de sa hauteur (fig. 1, pl. VIII); elle paraissait correspondre avec celle trouvée du côté du transept. Dans l'arcade Nord, on voyait aussi une forte lézarde placée d'une manière analogue (fig. 2, pl. VIII); seulement, elle se terminait obliquement vers la base. Toute la surface du pilier était d'ailleurs couverte de fentes et d'épaufrures, et l'on ne pouvait comprendre qu'il pût seulement se soutenir lui-même.

On coula, dans tous ces vides, une quantité considérable de plâtre qui parfois, après les avoir remplis, refluait par les fentes apparentes sur les autres côtés. Les lézardes de tous les piliers furent également remplies avec un coulis de plâtre ou de ciment, suivant qu'elles offraient plus ou moins de largeur; le ciment s'introduisait mieux que le plâtre dans les fentes les plus fines. Ces travaux, poussés sans relâche, furent terminés, comme nous l'avons vu, à la mi-avril. Le blindage des piliers, exécuté sur leurs quatre faces, empêchait l'agrandissement des lézardes et la séparation des parties écrasées; l'ensemble, formant un tout résistant, était capable de soutenir momentanément la charge de la tour; aussi, à partir de ce moment, les mouvements diminuèrent-ils, et ce premier succès fut garant de la réussite du plan adopté.

Le côté Nord du chœur, compromis par le mouvement de la partie centrale, cédait peu à peu; le premier pilier était rompu diagonalement, et le mur du triforium situé au-dessus, en porte-à-faux, glissait sur les arcades, en suivant le pilier N.-E., auquel il était adhérent sur toute sa hauteur (pl. VIII, fig. 1; pl. XV, fig. 2). Les lézardes produites manifestaient une descente de 48^{mm}. Pour arrêter ce mouvement, qui menaçait de se continuer dans toute la longueur du chœur, des étais furent placés dès le 18 février : quatre, dans les bas côtés, s'opposaient directement au mouvement, et leur poussée, ainsi que celle des voûtes, fut maintenue par quatre autres placés dans le chœur. Au-dessous de ces derniers, il fallut soutenir les voûtes de la crypte, qui étaient loin de présenter une solidité suffisante. Le 17 mai, la continuation du mouvement ayant été constatée, on ajouta de nouveaux étais et l'on resserra les anciens que la sécheresse avait raccourcis.

Tous ces étais furent serrés au verrin, afin d'arriver à produire sans choc une pression énergique; il fallait les serrer simultanément et avec précaution, pour que les voûtes de la crypte ne fussent ni soulevées, ni écrasées, et que le pilier du chœur ne fût forcé, ni dans un sens, ni dans l'autre.

La réussite complète d'une opération de ce genre dépendant beaucoup de l'exactitude et de l'intelligence avec laquelle les hommes qui l'exécutent suivent les instructions qui leur sont données, nous nous sommes toujours préoccupé de les intéresser au succès, en leur expliquant le but que nous nous proposions d'atteindre. Le degré de serrage de tous les étais et étrésillons que nous avons employés était déterminé avant la pose, d'après l'examen des lieux ; et l'appréciation du moment où le serrage devait s'arrêter n'a pas été la partie la moins importante et la moins délicate du travail de soutènement que nous avions à diriger.

§ 7. Fermes et chevalement à la base de la tour carrée.

L'étrésillonnement et le blindage des grandes arcades complétaient l'ensemble des travaux secondaires qui, en consolidant momentanément les piliers, permettaient d'attendre, sans trop de danger, l'achèvement et la mise en place des échafauds de soutènement. La taille de ces échafauds, commencée dès le mois de mars, était poussée aussi activement que le permettaient les exigences impérieuses des travaux précédemment décrits. L'insuffisance des bois de construction, dans la localité, obligeant de recourir aux approvisionnements de Paris, il était plus expéditif d'en faire tailler une partie dans cette ville, où l'on dispose d'un nombre considérable de charpentiers habitués à de grands travaux.

A la fin de mars, le premier grand poteau fut placé à l'angle extérieur du pilier N.-O. ; la pose des charpentes continua ensuite d'être menée de front avec l'achèvement des fondations, le blindage des grandes arcades et d'autres travaux secondaires. Ce ne fut qu'au milieu du mois d'avril que, toutes les parties de l'édifice étant provisoirement consolidées, nous pûmes réserver tous nos efforts à l'établissement d'un soutènement définitif, et continuer ce travail, sans interruption et sans inquiétude sur le succès. Sans doute, le mouvement de descente de la tour n'était que suspendu et le danger n'était qu'éloigné ; mais nous possédions, dans les nouvelles fondations, une base inébranlable. En admettant même qu'après le moment d'arrêt produit par les blindages la descente de la tour reprît une marche accélérée, il eût suffi d'augmenter le nombre des ouvriers et d'activer le travail, sans avoir d'ailleurs à craindre les complications fâcheuses qui n'avaient cessé de nous menacer pendant la première partie de nos travaux.

Pour soutenir la tour, dont le poids total, au niveau des chapiteaux, était de 3,700,000 kilogrammes, on ne pouvait songer à placer des chevalements au travers des piliers déjà fort compromis et qu'il eût été dangereux d'affaiblir; mais, plus haut, les murs de la tour carrée offraient un développement suffisant pour permettre d'y pratiquer des trous et d'y introduire des chevalements capables de soutenir une pareille masse; on pouvait ensuite, sans danger, entailler le pilier en partie déchargé, pour placer d'autres chevalements à la naissance des grands arcs, et supporter ainsi les tympans et l'excédant de charge de la tour.

On adopta donc deux systèmes d'échafauds : 1° des fermes placées dans les grandes arcades et portant la tour sur des chevalements introduits dans les murs de la partie carrée; 2° des poteaux soutenant les naissances, au moyen d'autres chevalements, et destinés à remplacer les piliers, d'une manière complète, pendant leur reconstruction.

Quoique la taille et la pose de ces charpentes aient toujours marché simultanément, nous devons commencer par décrire les fermes qui composaient le premier et principal moyen de soutènement et qui, de fait, soutinrent seules presque toute la tour, tandis que les poteaux ne furent employés qu'à mesure de la reconstruction des piliers.

Sous chaque arcade, deux fermes, reliées entre elles, s'élevaient des fondations jusqu'aux chevalements, dont elles supportaient les extrémités. Leur écartement était donné par la largeur des anciens échafauds que l'on avait été obligé de conserver; et, comme cette largeur était plus considérable que celle du mur de la tour, on fut forcé d'incliner la partie supérieure des fermes. L'irrégularité des constructions obligea, de plus, à augmenter cet écartement dans deux des arcades et à poser les fermes obliquement l'une par rapport à l'autre. La tour était carrée, tandis que les quatre piliers et leurs arcs formaient un losange dont les côtés Nord et Sud coïncidaient avec ceux de la tour, mais dont les autres côtés portaient obliquement la partie supérieure. Du côté de la nef, le mur Ouest de la tour, d'aplomb sur le tympan au-dessus du pilier S.-O., faisait saillie de 0^m,70 au-dessus du pilier N.-O. Le mur Est du côté du chœur, d'aplomb sur le tympan au-dessus du pilier N.-E., s'avançait au-dessus du pilier S.-E. de 0^m,50 en porte-à-faux (voir pl. I). Ce porte-à-faux, situé à 6 mètres au-dessus des naissances, n'avait eu aucune influence sur la destruction des piliers ; il contraria seulement la disposition des fermes, que nous dûmes éloigner obliquement, en les conservant symétriques par rapport à l'axe du mur à supporter. Il fallait, en effet, que leurs parties correspondantes, également inclinées, pussent s'équilibrer l'une l'autre et produire des pressions verticales égales. — La planche XI donne le plan, l'élévation et la coupe de deux fermes et de leurs chevalements.

Chaque ferme, d'une hauteur totale de 23^m,70, se composait de deux parties : l'une inférieure, de 17 mètres de hauteur, l'autre supérieure, de 6^m,30, portant les chevalements et séparée de la première par un appareil de serrage de 0^m,40 de hauteur. Cet appareil était destiné à remédier à la compression qu'un échafaud d'une hauteur aussi considérable devait nécessairement éprouver, sous une forte charge, par suite de l'élasticité naturelle des bois, d'un certain affaissement nécessaire pour mettre les joints en contact, et de la compression des semelles. Il permettait non-seulement de faire porter parfaitement toutes les parties de l'échafaud, mais encore de produire, entre les deux portions de la ferme, un écartement vertical capable de leur faire prendre charge d'une plus ou moins grande partie du poids de la tour, avant la démolition des piliers. Par ce moyen, on était certain de décharger les piliers de toute la compression produite dans les échafauds par le serrage. Nous décrirons ces appareils, après avoir donné une idée des fermes.

La partie inférieure d'une ferme se composait de quatre montants verticaux ; les montants voisins des piliers, et qui répondaient aux chevalements d'angle, étaient formés de quatre pièces en sapin de 0^m,35/0^m,35 ; les deux autres, également espacés entre les premiers, correspondant aux chevalements intermédiaires moins importants, n'étaient composés que de deux pièces également de 0^m,35/0^m,35. Ces derniers montants venaient prendre leur point d'appui sur les fondations, au moyen de pièces obliques dont la poussée était maintenue à la tête par une âme en bois, et au pied par trois moises placées à fleur de terre. Une semelle en chêne, scellée en ciment sur le béton, recevait l'ensemble des quatre pièces verticales et des deux pièces inclinées dont elle répartissait la pression sur les fondations. On eut soin de placer, dans les joints des pièces verticales assemblées à mi-bois, des feuilles en tôle pour empêcher la pénétration des fibres.

Les douze pièces composant les montants se trouvaient dans deux plans espacés de $0^m,50$; cet écartement était favorable à l'aérage des bois, augmentait la résistance transversale des fermes, et facilitait l'assemblage des pièces qui reliaient les montants entre eux. Cinq rangs de moises horizontales formaient quatre étages dans la hauteur. Chaque rang se composait d'une moise placée entre les montants et de deux autres mises à l'extérieur. Des croix de Saint-André, placées dans les trois étages supérieurs, s'opposaient au roulement de la ferme. Elles se composaient, comme les moises, de trois pièces ; l'une, intérieure, avait une section égale à celle des deux autres placées à l'extérieur, qui lui étaient symétriques. Ces bois obliques, s'arc-boutant entre eux, formaient deux systèmes de contreventement complets. Pour conserver aux bois toute leur force, on n'avait pas entaillé les montants, mais seulement les moises et les croix de Saint-André ; ces entailles, placées à leur extrémité, ne diminuaient pas leur résistance. Les moises et les croix de Saint-André s'assemblaient entre elles à embreuvement, et étaient boulonnées à tous leurs points de rencontre avec les montants.

De distance en distance, dans la hauteur, et selon que le permettaient les anciens échafauds, les deux fermes étaient reliées par des pièces horizontales qui en fixaient l'écartement. On eût beaucoup ajouté à leur rigidité, si, au lieu de les relier par de simples pièces horizontales, qui rendaient seulement les fermes solidaires dans leur flexion, on les eût réunies par les croix de Saint-André et les boulons indiqués en pointillé sur la planche XI, lesquels se seraient opposés aux flexions, et auraient mis les montants dans les conditions de résistance des bois de peu de longueur. La présence des anciens échafauds a rendu impossible leur pose régulière, et nous a privé d'un grand surcroît de force.

Les fermes des quatre arcades furent aussi reliées ensemble sous la croisée, à la hauteur de chaque étage, par des moises sur lesquelles on établit des planchers et un escalier pour les travaux. Quatre poteaux, placés à la rencontre de ces moises, rendaient les planchers solidaires entre eux (pl. I et II).

La partie supérieure de la ferme était composée de seize pièces ou étais obliques de $0^m,30/0^m,30$; douze, continuant les montants verticaux de la partie inférieure, s'inclinaient vers les angles de la tour, pour soutenir les quatre chevalements; les quatre autres, allant des montants extérieurs de la ferme aux chevalements inférieurs, prenaient la charge en sens inverse, et avaient pour but de s'opposer aux poussées obliques qui tendaient à séparer le mur en deux.

Les têtes de ces étais aboutissaient normalement dans les entailles de la semelle en chêne qui réunissait chaque chevalement d'angle à celui qui lui était contigu, et leur écartement était maintenu par trois tirants en fer méplat. Les pieds des étais extérieurs étaient pris par trois moises, disposées comme celles de la partie inférieure de la ferme, tandis que les quatre étais, correspondants aux montants intermédiaires, étaient libres de glisser entre les moises, sur une forte semelle en chêne posée sur la tête de ces montants. Lors de la mise en place, les pieds se trouvaient presque au centre de la ferme, et ce ne fut qu'au moment de serrer les échafauds, qu'on les ramena au-dessus des montants intermédiaires, en les écartant au moyen d'un verrin.

Tous les étais avaient une inclinaison plus ou moins forte vers le mur de la tour, tant à cause de l'écartement des fermes, qu'à cause du défaut de concordance entre les murs de la tour et les tympans des arcs qui la supportent ; pour s'opposer à leur poussée, relier les deux fermes et amener le poids à n'agir que verticalement, on avait réuni, par six grands boulons, les pieds des étais extérieurs et opposés (voir la coupe, pl. XI). Les étais du milieu glissaient sur des semelles en chêne, dont la surface était normale à leur direction, et c'étaient ces semelles qui recevaient les deux boulons.

Les chevalements, portant la tour carrée, étaient tous au même niveau. Il y en avait quatre sur chacune des faces, et ils se trouvaient au-dessous du ceinturage

et au-dessus des voûtes qui furent percées pour le passage de la partie supérieure des fermes. Pour distribuer uniformément, sous la charge, ces seize
points d'appui, il eût fallu en approcher deux très-près de chacun des angles
de la tour, ce qui, sans parler des difficultés d'exécution, eût donné trop d'obliquité aux étais supérieurs; on préféra les en éloigner un peu, en leur donnant
une section proportionnée à l'excès de charge qu'ils devaient supporter. Ils
furent composés de deux poutres en fer et de trois en chêne, tandis que les
chevalements intermédiaires ne consistaient qu'en une poutre en fer entre deux
poutres en chêne. Les poutres en fer, en forme de double T, avaient une âme en
tôle (0^m,50 de hauteur sur 10^{mm} d'épaisseur), renforcée par quatre cornières
du poids de 13^{kg},50 le mètre; les poutres en chêne, boulonnées avec elles pour
leur donner du corps et de la rigidité, avaient la même hauteur et 0^m,20 d'épaisseur. La longueur des chevalements était de 3 mètres, le mur ayant 1^m,60
d'épaisseur.

Tous les chevalements d'un même côté étaient moisés et reliés, tant à l'intérieur
qu'à l'extérieur, par de fortes poutres. Ce surcroît de précaution concourait,
avec le ceinturage de la tour et les tirants des fermes, à neutraliser complétement
les efforts divergents, soit de la tour, soit des échafauds.

Les appareils, placés entre les parties supérieure et inférieure de la ferme
pour opérer leur écartement, se composaient de deux plateaux en fonte, renforcés
de nervures, portant : l'un quatre vis engagées dans des écrous en fer, l'autre
quatre crapaudines en acier. Ces deux plateaux étant placés l'un sur l'autre, les
têtes des vis s'engageaient dans les crapaudines, et, pour en faciliter l'emboî-
tement exact, les écrous et les crapaudines avaient un peu de jeu dans les
plateaux en fonte (pl. XII).

Chaque groupe de quatre pièces, formant les montants principaux des fermes
inférieures, fut couronné d'un de ces appareils qui reçut lui-même, sur une
semelle en chêne, les six étais de la partie supérieure. En tournant les vis, on
pouvait éloigner les plateaux de 0^m,10, ce qui était plus que suffisant pour
compenser tous les tassements, et pour appliquer énergiquement les étais sous
les chevalements qu'ils devaient supporter.

On pouvait serrer les étais du milieu, en les faisant glisser sur les semelles qui réunissaient les montants intermédiaires; on les ramenait ainsi à porter presque directement sur les montants.

Les fermes avaient d'abord été calculées pour porter une partie du poids de la tour et décharger les piliers d'environ 1,600,000 kilogrammes; on se proposait de faciliter la mise en place et, plus tard, l'enlèvement des chevalements à la naissance des grandes arcades. Mais, par la suite, on ne craignit pas de faire supporter à ces charpentes la totalité de la masse qui se trouvait au-dessus de leurs chevalements.

Le poids de cette construction étant de . . . . . 2,600,000 kilogrammes,
Et celui des échafauds de. . . . . 280,000 —

Le poids total près du sol était de. . . . . 2,880,000 kilogrammes.

Chaque ferme inférieure, se composant de douze pièces verticales de $0^m,35/0^m,35$, offrait, pour résister à la pression, une section de $12 \times 0^m,35 \times 0^m,35 = 1^{m2},47$; pour huit fermes, la section était de $1^{m2},47 \times 8 = 11^{m2},76$. Le bois éprouvait donc un effort de compression de $\dfrac{2,880,000}{11,7600} = 24^{kg},49$ par centimètre carré. Si l'on avait pu relier les fermes deux à deux avec des croix de saint André, elles auraient formé un ensemble rigide capable de travailler à un coefficient double.

Les seize étais, de $0^m,30/0^m,30$ de la partie supérieure des fermes portaient leur propre poids. . . . . 80,000 kilogrammes,
Et celui de la tour . . . . 2,600,000 —

Total. . . . . . 2,680,000 kilogrammes.

La section totale des étais pour huit fermes était de $0,30 \times 0,30 \times 16 \times 8 = 11^{m2},52$ et la compression était de $\dfrac{2,680,000}{11,5200} = 23^{kg},26$ par centimètre carré. En réalité, la compression était un peu plus considérable, à cause de l'obliquité des étais.

Les tirants en fer méplat, qui maintenaient les têtes de ces étais, se composaient de deux parties assemblées à clavette ; leurs extrémités, plus fortes que le corps du tirant, étaient filetées pour recevoir les écrous, dont le serrage se faisait du côté où ils étaient le plus abordables. La section du fer a été calculée, en supposant la tour supportée tout entière sur les chevalements d'angle ; chacun de ces derniers était alors chargé d'un huitième du poids total, et chaque extrémité portait $\frac{2,600,000}{8} \times \frac{1}{2} = 162,500$ kilogrammes. L'inclinaison des étais vers l'extérieur étant au maximum de 1/10, la traction sur les tirants était de 16,250 kilogrammes. Le coefficient de traction fut fixé à $3^{kg},5$ par millimètre carré de section, dans la crainte que la pression de la tour sur les chevalements ne fût pas complétement verticale et tendît à les écarter. La section des trois tirants devait donc être de $\frac{16,250}{3,5} = 4640^{mm^2}$, et pour un, de 1550^{mm^2} ; ils avaient $80^{mm} \times 20^{mm} = 1600^{mm^2}$.

L'inclinaison des étais vers la tour était au maximum de 1/9 ; les huit boulons, qui maintenaient l'écartement de leurs pieds et la distance des deux fermes, éprouvaient une traction de $\frac{2,680,000}{9 \times 8} = 37,222$ kilogrammes. Ils avaient 40^{mm} de diamètre et une section totale de $10,056^{mm^2}$; ils travaillaient donc à $\frac{37,222}{10,056} = 3^{kg},72$ par millimètre carré de section.

Les chevalements devaient résister au cisaillement et à la compression dans la hauteur de la poutre ; ils étaient trop courts pour que les efforts dus à la flexion fussent considérables. L'effort tranchant était de 162,500 kilogrammes pour les chevalements des angles, en conservant l'hypothèse de la répartition de charge indiquée plus haut. En ne comptant que sur la résistance des âmes des deux poutres en fer, dont la section est de $500 \times 10 \times 2 = 10,000^{mm^2}$, on trouve qu'elles auraient à subir un effort de $16^{kg},50$ par millimètre carré ; en ne comptant, au contraire, que sur les pièces en chêne ayant ensemble $0^m,50 \times 0^m,60 = 0^{m^2},3000$, on trouve un effort de $\frac{162,500}{3,000} = 54^{kg},2$ par centimètre carré. L'un et l'autre de ces coefficients est trop élevé, pris séparément ; mais le fer et le bois qui composaient les poutres, étant fortement boulonnés l'un avec l'autre, se prêtaient un mutuel appui.

Les vis des appareils de serrage avaient à supporter le poids de la tour et celui de la partie supérieure des échafauds, soit 2,680,000 kilogrammes. Chacune des soixante-quatre vis devait donc porter $\frac{2,680,000}{64} = 41,886$ kilogrammes. Le corps de la vis avait 60^{mm} de diamètre; sa section était de 2827$^{mm^2}$, et la compression par millimètre carré s'élevait à $\frac{41,886}{2,872} = 14^{kg},82$.

Cette compression fut en réalité moins forte, parce qu'il n'a pas été tenu compte, dans le calcul, des étais intérieurs qui soulagèrent les vis d'environ un quart de cette charge. Il n'y avait d'ailleurs aucun danger à faire travailler le fer à un coefficient aussi élevé, parce qu'il ne devait soutenir qu'un poids mort.

La longueur des vis engagée dans l'écrou étant de 100^{mm}, et le pas ayant 10^{mm}, la longueur développée du filet de vis était de $60 \times 3,1416 \times 10 = 1^m,880$. Ce filet, ayant 5^{mm} d'épaisseur, se trouvait relié au corps de la vis sur une surface de $1,880 \times 5 = 9,400^{mm^2}$, et il éprouvait, en transmettant la pression sur l'écrou, un effort tranchant de $\frac{41,886}{9,400} = 4^{kg},45$ par millimètre carré.

Les plaques en fonte étaient armées de nervures suffisantes pour ne pas rompre, dans le cas où elles porteraient inégalement sur l'extrémité des montants verticaux.

§ 8. Grands poteaux.

Le second système de soutènement, distinct et indépendant de celui des fermes, se composait de poteaux destinés à remplacer les piliers pendant leur reconstruction ; nous allons les décrire, avant de parler de la mise en charge de la tour sur les échafauds, parce que leur pose a dû souvent précéder celle des fermes, quoiqu'ils ne dussent concourir au soutènement que lorsque ces dernières auraient produit leur effet.

Autour de chaque pilier, quatre poteaux isolés et indépendants, de $15^m,90$ de hauteur, devaient supporter le chevalement disposé à la naissance des arcades. Chacun d'eux se composait de six à neuf pièces en sapin, réunies par six cercles en fer; leur section était de 1 mètre carré à la base et de $0^{m2},80$ au sommet. Les joints des pièces étaient espacés dans la hauteur, afin de ne pas affaiblir un poteau qui devait être capable de résister aux efforts obliques et de parer, s'il y avait lieu, aux éventualités les plus fâcheuses.

Pour recevoir les cercles, on arrondissait les surfaces planes du poteau avec des cales en chêne. Ces cercles, formés de deux parties, furent chauffés et posés au rouge, comme les ceinturages de la tour; les clavettes d'assemblage, serrées à la masse, produisaient une compression qui, déjà énergique, augmentait encore par le refroidissement. Dans le cerclage de la tour, l'incompressibilité de la maçonnerie nous avait permis de compter sur le refroidissement des tirants pour produire à lui seul une tension suffisante, tandis que la compressibilité des poteaux en sapin, et la contraction ultérieure causée par leur desséchement, exigeaient un raccourcissement beaucoup plus grand dans les cercles.

Le cerclage produit entre les bois un contact uniforme et parfait, que l'on ne peut obtenir au moyen des boulons, quel que soit leur nombre. Les poteaux, ainsi assemblés, pouvaient être assimilés à un solide d'une seule pièce, ce qui permettait de les laisser isolés les uns des autres. On ne pouvait guère, en effet, les relier entre eux, à cause, tant de l'encombrement produit par les maçonneries et les échafauds, que de la nécessité de réserver les abords pour la reconstruction des piliers. Les poteaux furent placés le plus près possible des piliers, pour diminuer la portée des pièces de chevalement qui devaient les surmonter; on ne réserva entre eux et la maçonnerie que l'espace nécessaire à la reconstruction. Ils reposaient, par l'intermédiaire de semelles en chêne, partie sur le massif en béton, partie sur les empâtements des anciennes fondations qu'il fallut quelquefois entailler.

Les poteaux correspondants aux angles extérieurs de la tour furent mis en place à la fin d'avril, et servirent immédiatement comme points d'appui à des étais contre-butant ces angles. Le 24 mai, on avait dressé dans la croisée ceux qui devaient être engagés derrière les fermes, et dont la pose eût été impossible après la mise en place de celle-ci. Les quatre poteaux qui devaient supporter la charge du pilier N.-E. étaient terminés à la fin de juillet, et ceux du pilier N.-O., le 23 août. Quant au soutènement des angles S.-O. et S.-E., il ne fut complété que plus tard et avec les poteaux ayant servi aux piliers N.-O. et N.-E.

Le chevalement de chaque pilier consistait en quatre pièces, analogues à celles que nous avons décrites pour le chevalement de la tour, mais plus fortes, car elles se composaient de trois poutres en fer et de quatre en chêne, formant un ensemble de $0^m,90$ de largeur, $0^m,50$ de hauteur et 5 mètres de longueur.

On peut voir dans les figures 1 et 2 de la planche XIV, qui représente le chevalement du pilier S.-O., comment les deux pièces inférieures portaient sur les chapeaux couronnant les poteaux, et comment les pièces supérieures portaient sur les pièces inférieures.

§ 9. Pose et serrage des fermes.

La première ferme fut levée le 5 avril, au moment où l'on finissait les fondations ; le 12, nous recevions la partie inférieure des six fermes, que l'encombrement de nos chantiers et le manque de bois nous avaient forcé de faire tailler à Paris. On en commença immédiatement le levage, qui dura sans interruption jusqu'au 27 ; après un mois employé à mettre en place et à cercler les grands poteaux sous la croisée, on reprit, le 20 mai, la pose des fermes intérieures, qui fut achevée le 2 juin. Le 14, l'échafaud Nord était complet, et le 21, on serrait les vis pour obtenir une première compression et commencer à soutenir ce côté de la tour, dont les piliers étaient le plus compromis. Les parties supérieures des fermes Est, Ouest et Sud, furent terminées les 18, 20 et 30 juillet.

On n'avait pas attendu à ce moment pour poser les chevalements dans la tour ; les poutres avaient été introduites dans des trous de la moindre dimension possible, et scellées ensuite, dessus et latéralement, avec du ciment. Lorsque l'assise supérieure ne paraissait pas assez résistante, on mettait, en parement et au-dessus de la poutre, une pierre de granit; même, dans le mur Est, on dut faire une reprise complète du pied-droit de la porte, à cause des lézardes qui s'y trouvaient.

Le dernier jour de juillet, tout était donc prêt pour le soutènement définitif de la tour sur les fermes ; il ne restait plus qu'à opérer, entre les parties supérieures et inférieures des échafauds, un écartement suffisant pour mener à joint tous les assemblages, et produire dans les bois une tension égale au poids de la tour. On serra préalablement les boulons qui reliaient le pied des étais obliques et les tringles qui réunissaient leurs têtes, pour que les fermes et les étais, ainsi rapprochés, reprissent leur position normale, au moment où la charge produirait l'allongement des fers et l'incrustation, dans les bois, des plaques placées sous les écrous.

On commença par régulariser la pression des vis, en les serrant médiocrement, et l'on obtint ainsi un premier écartement des plateaux de 15^{mm} à 20^{mm}. En serrant les deux appareils d'une ferme, celle-ci se déversait au dehors, entraînant avec elle la ferme opposée, et forçant les assemblages des planchers intérieurs; en serrant la ferme opposée, toutes deux revenaient à la position normale. Aussi, lorsque les compressions devinrent plus considérables, ne fit-on marcher chaque vis que d'un sixième de tour à la fois, ce qui correspondait à une élévation verticale de $1^{mm},5$; la rigidité des plateaux ne permettait pas d'ailleurs de soulever une vis d'une quantité plus considérable, sans décharger les trois autres. La manœuvre se faisait ainsi : quatre hommes serraient successivement les quatre vis d'un appareil avec une clef de $1^{m},50$; ils passaient ensuite à l'appareil opposé, voisin du même pilier, puis aux deux autres portés sur les mêmes fermes, et revenaient, dans le même ordre, compléter le serrage de l'arcade, jusqu'à ce que toutes les vis offrissent une résistance à peu près égale. En même temps, quatre verrins écartaient les pieds des étais intérieurs de la ferme, en les faisant glisser sur la semelle en chêne, et leur donnant ainsi une part proportionnelle de la charge.

Le 13 août, tous les échafauds avaient subi un serrage de 25^{mm} à 35^{mm}, suffisant pour faire venir les pièces à joint, sans cependant occasionner de refoulement dans les semelles. Du 16 au 18 août, on revint successivement à toutes les fermes, en augmentant progressivement leur degré de serrage; puis on les laissa, pendant une dizaine de jours, sous l'influence de cette impression, afin de donner aux tassements et au retrait des bois le temps de se produire, et pour nous permettre d'examiner à notre aise la manière dont se comportaient la maçonnerie et les échafauds.

Du 26 au 29, le serrage fut repris avec une clef de 2 mètres, manœuvrée par cinq hommes tirant sur une corde accrochée à son extrémité. Cette clef, représentée pl. XII, était recourbée, afin qu'on pût, en la retournant, serrer les vis de 1/12 de tour, lorsque la place dont on disposait ne permettait pas de faire plus.

L'effort que les hommes devaient produire pour enlever sur les vis un poids donné, et celui qu'ils exerçaient en tirant sur la corde, étaient l'un et l'autre également difficiles à déterminer; en effet, le coefficient de frottement, entre des surfaces soumises à une pression aussi considérable que celle supportée par la crapaudine, peut varier de 0,15 à 0,45, et il varie de 0,10 à 0,20 pour le frottement des autres parties de la vis; et, quant à l'effort de traction exercé par les hommes, il varie de 40 à 60 kilogrammes pour chacun d'eux, suivant la position de leur corps [1]. On résolut de ne s'arrêter que lorsqu'on aurait soulevé l'angle N.-O. qui avait le plus cédé, et on maintint toujours de ce côté un serrage un peu plus fort; une ouverture horizontale de 3^{mm} à 4^{mm} se produisit alors dans la maçonnerie de l'angle de la tour, à la hauteur des chevalements, et nous prouva qu'un soulèvement avait été opéré. Il eût été imprudent de produire le même effet au-dessus de tous les piliers; on se contenta d'un degré

---

[1] Voici le calcul qui nous a servi à déterminer approximativement l'effort vertical que les cinq hommes pouvaient faire produire à chaque vis. On y voit clairement l'importance des frottements; si on en tient compte, chaque vis peut soulever 34,600 kilogrammes, et, en les négligeant dans le calcul, on trouve que chaque vis pourrait enlever 284,000 kilogrammes.

Soit x l'effort vertical produit; pour faire tourner la vis, il faut vaincre :

1° L'effort tangentiel dû à la décomposition des forces; il est en raison directe du pas de vis et en

de serrage à peu près égal à celui qui avait produit le relèvement. L'écartement vertical des plaques fut alors de 50^{mm} à 60^{mm}.

Cette compression est due aux causes suivantes :

1° Tassement des fondations; il n'a été sensible que sous la ferme du chœur où il fut de 2^{mm}.

2° Vide d'environ 2^{mm} entre la semelle et les fondations, dû à l'absorption par le bois de l'eau du ciment.

3° Compression de la semelle inférieure, ainsi que des semelles placées au-dessus de l'appareil et sous le chevalement.

4° Le raccourcissement élastique de 3^{mm} des bois verticaux.

5° Sept joints dans la hauteur des échafauds.

6° Flexion des chevalements de la tour.

7° Le dernier joint, sous les chevalements, avait dû être conservé très-lâche, afin qu'on pût poser les dernières pièces de l'échafaud, et on avait compté sur les vis pour mettre ces pièces en contact.

raison inverse de la circonférence. Le pas de vis étant de 10^{mm}, et son diamètre de 65^{mm}, la circonférence est de 204^{mm}. L'effort tangentiel, rapporté à $32^{mm},5$ de l'axe, est donc...... $x\dfrac{10}{042} = 0{,}049\,x$

2° Le frottement du filet de vis dans l'écrou ; le coefficient de frottement du fer sur le fer, pour les surfaces onctueuses (comme c'est ici le cas), est de 0,15.................. $0{,}150\,x$

3° Le frottement de la crapaudine; cette dernière devant gripper, il doit être estimé à 0,25; ce frottement a lieu à 20^{mm} de l'axe, et, en le rapportant à $32^{mm},5$, on a un effort tangentiel de.. $\dfrac{20}{32,5}\,x\ 0{,}25 = 0{,}162\,x$

4° Le frottement latéral du tourillon dans la crapaudine, que l'on peut estimer à..... $0{,}039\,x$

$$\text{Total de l'effort tangentiel à produire}\dotsc\dotsc\dotsc\quad 0{,}400\,x$$

L'effort tangentiel à l'extrémité d'une clef de $1^m,80$ de longueur est de $\dfrac{32,5}{1,800} - 0{,}4\ x = 0{,}00722\,x.$

Les cinq hommes produisant un effort de $5 \times 50 = 250$ kilogrammes, on peut donc poser l'équation
$$250^{kil} = 0{,}00722\,x.$$

$$\text{D'où } x = \frac{250}{0,00722} = 34{,}600 \text{ kilogrammes.}$$

Et pour les 64 vis, $64 \times 34{,}600 = 2{,}210{,}000$ kilogrammes.

§ 10. Chevalement des poteaux.

Les fermes supportaient au moins les 9/10 du poids de la tour ; il ne restait donc plus sur les piliers que 1/10 de ce poids, soit $\dfrac{2,600,000}{10} =$ 260,000 kg.

Auxquels il faut ajouter le poids des tympans, entre les chevalements des fermes et ceux des poteaux. 1,100,000

Total. . . . . . 1,360,000 kg.

Soit, pour chaque pilier, 340,000 kilogrammes, au lieu de 925,000 kilogrammes qu'ils supportaient avant. On pouvait donc, sans inconvénient, laisser les deux piliers de la partie Sud, moins endommagés et bien blindés, soutenir cette charge, pendant quelques mois, et entailler les deux autres pour le placement des pièces du chevalement.

Le pilier N.-E. fut celui par lequel on commença, à cause des mouvements qui se continuaient toujours dans le mur du triforium et qui ne pouvaient être arrêtés que par la reconstruction de ce pilier et de celui du chœur, dont l'écrasement était complet.

Les deux premières pièces de chevalement furent placées d'aplomb sur les poteaux et parallèlement à l'axe de la nef ; la section du pilier étant allongée dans ce sens, leur écartement ne fut que de 2 mètres à $2^m,50$. On fit d'abord glisser, dans un trou traversant le blindage et le pilier, la moitié de la pièce de chevalement la plus rapprochée du centre du pilier, et on lui fit prendre charge en chassant des coins entre elle et la maçonnerie supérieure ; on agrandit alors le trou, et, après avoir introduit la partie complémentaire de la pièce, on la relia à la première moitié et on acheva de caler sur l'ensemble les retombées des arcades. Les deux pièces de chevalement ayant été placées successivement avec les mêmes précautions, on fit un trou, perpendiculairement à cette première direction et au travers du pilier, pour y introduire, par partie, une des poutres transversales ; lorsque la première fut solidement fixée, on suivit la même marche pour la seconde. Ces deux pièces étaient éloignées de $1^m,30$, afin de réserver entre elles l'espace nécessaire pour y placer, au moment de la reconstruction, une pierre centrale capable de porter la totalité de la charge. Le même mode d'opérer fut employé pour les quatre piliers.

Les extrémités des dernières pièces de chevalement portaient sur les premières, par l'intermédiaire de dix coins en bois, qu'on serrait en les frappant avec un bélier de 90 kilogrammes, suspendu à une corde. On obtenait ainsi une pression assez énergique pour faire fléchir les poutres inférieures, et rendre nécessaire de resserrer les coins qui les chargeaient elles-mêmes. En chassant une partie des coins, on soulageait les autres qui pouvaient être enfoncés à leur tour.

En revenant à plusieurs reprises sur ces différentes séries de coins, on produisit un serrage capable de relever les tympans au-dessus des piliers N.-O., de fermer la fente qui existait dans la tour, comme nous l'avons dit, au niveau des chevalements supérieurs, et d'ouvrir un jour de 5^{mm}, au travers du pilier, à la hauteur des naissances. La différence, entre ce relèvement de 5^{mm} et le rapprochement de 3^{mm} opéré dans le mur de la tour, provient du resserrement des maçonneries du tympan et peut-être du relèvement des fermes qui, se trouvant un peu déchargées, augmentèrent de longueur par suite de leur élasticité.

Le but avait donc été atteint aussi complétement que dans le serrage des échafauds, mais par d'autres moyens; les chocs répétés, qui eussent été dangereux pour les fermes, offraient peu d'inconvénients, grâce à la grande inertie des poteaux et des chevalements.

Le chevalement du pilier N.-E., commencé le 26 juillet, était terminé le 26 août, et celui du pilier N.-O., commencé le 20 août, était fini le 12 septembre.

On peut se rendre compte, par le calcul, des coefficients auxquels les chevalements travaillaient. Les pièces supérieures, traversant en plein pilier, supportaient la plus forte charge, que l'on peut estimer à $\dfrac{340,000}{2} = 170,000$ kilogrammes, uniformément répartis sur une longueur de $2^m,50$ de chaque pièce. La plus grande distance, entre les appuis, était de $2^m,50$; mais, les centres de réaction des coinçages se trouvant environ à $0^m,40$ à l'intérieur des poutres servant de support, la portée réelle doit être estimée à $3^m,30$; le moment de rupture, au centre de la pièce, était donc de $\dfrac{170,000}{2}\left(\dfrac{3,30}{2}-\dfrac{2,50}{4}\right) = 87,125$. Le moment d'inertie d'une des trois poutres en fer était de 2,040, et celui d'une des quatre poutres en chêne de 8,333. Les flexions étant les mêmes pour les deux poutres, leurs coefficients de résistance étaient en raison inverse des coefficients d'élasticité.— Soit K le coefficient de résistance auquel travaille le fer, le bois travaillera alors au coefficient $K' = \dfrac{1,100}{20,000}\,K = 0,055\ K$, et le moment de résistance de la pièce de chevalement sera $3\times 2,040\times K + 4\times 8,333 \times 0,055\,K$; égalant cette valeur au moment de rupture, et tirant la valeur de K, on trouve $K = \dfrac{87,125}{3\times 2,040 + 4\times 8,333 \times 0,055} = 11^{kg},09$ par millimètre carré. Le bois travaille à $11,09\times 0,055 \times 100 = 61$ kilogrammes par centimètre carré. Quant aux poteaux, ils portent chacun $\dfrac{340,000}{4} = 85,000$ kilogrammes, et, leur section étant $0^{m2},80$, ils supportent par centimètre carré $\dfrac{85,000}{8,000} = 10^{kg},83.$

Si toute la charge de la tour avait reposé sur les chevalements des naissances, un tiers du poids, soit $\dfrac{925,000}{3} = 308,333$ kilogrammes, aurait porté sur les pièces inférieures, dont nous avons négligé la résistance dans le premier calcul, et les deux autres tiers, soit 616,667 kilogrammes reposant sur les pièces supérieures, auraient fait travailler les parties en fer à $\dfrac{616,667}{340,000}\times 11,09 = 20^{kg},12$; celles en bois à $\dfrac{616,669}{340,000}\times 61 = 110^{kg},65$; et les poteaux auraient porté $\dfrac{925,000}{340,000}\times 10,83 = 29^{kg},45$ par centimètre carré. On voit donc que, même dans cette hypothèse extrême, le chevalement des naissances aurait suffi pour supporter seul le poids de la tour.

IV

§ 1. Démolition des piliers.

Les chevalements des poteaux complétaient le soutènement de la partie Nord de l'édifice, et la partie Sud, mieux conservée, était suffisamment consolidée pour que l'on pût considérer tout danger comme passé. A partir de ce moment, les travaux prirent une marche plus lente, en rapport avec les crédits qui leur étaient affectés.

Dès le commencement des travaux, deux trous, faits dans le pilier N.-O., avaient permis de constater l'existence d'un noyau roman, et, par analogie, on était amené à conclure que les quatre appuis primitifs n'avaient jamais été entièrement enlevés; cependant on ne pouvait songer à les conserver, car ils devaient avoir éprouvé, comme l'enveloppe ogivale, de graves désordres. En conséquence, leur reconstruction totale fut décidée.

Cette reconstruction pouvait se faire, soit par parties successives, soit en enlevant tout le pilier pour le reconstruire en entier. En suivant le premier système, il fallait s'attendre à des tassements inégaux dans la maçonnerie, à l'emploi d'étrésillons encombrants et difficiles à placer, et au manque d'espace pour construire en gros matériaux. Encore même n'aurait-on obtenu qu'une mauvaise construction définitive, dans l'espérance illusoire qu'une partie de la section du pilier concourrait au soutènement. Le léger soulèvement de la tour, lors du serrage des échafauds, ayant prouvé qu'ils portaient seuls tout le poids, on n'hésita pas à démolir les piliers sur toute leur hauteur; les abords se trouvant ainsi dégagés, il devenait facile de faire arriver la pierre et de la poser; sauf pour les dernières assises destinées à remplacer les chevalements; et l'on obtenait ainsi un travail plus régulier et une maçonnerie plus homogène.

Le 18 septembre, on attaqua le pilier N.-E., en enlevant, au-dessous du chevalement, le blindage et la maçonnerie, sur une hauteur de 1^m,50; on conserva d'abord tout ce qui appartenait à la construction romane pour en faire des dessins détaillés; toute la section du pilier fut ensuite débarrassée et arrasée avec du plâtre, ce qui permit de faire sur place, dans la partie la moins déformée et la plus rapprochée des chapiteaux, un profil exact des moulures et des colonnettes. Ce profil, reporté sur les chevalements, devait servir à planter les piliers verticalement, sous l'emplacement des naissances. On continua alors la démolition en conservant toujours une certaine hauteur du pilier roman, afin de pouvoir en relever les dimensions; mais cette maçonnerie romane, dont les pierres étaient fendues et les mortiers fatigués ou même écrasés, ne résistait pas aux ébranlements causés par la démolition des parties voisines; et l'on ne pouvait, sans danger de la voir s'écrouler sur les ouvriers, la conserver sur plus d'une hauteur de 1 à 2 mètres.

On arriva ainsi, le 27 octobre, jusqu'aux bases au-dessous desquelles les fondations du onzième siècle, faisant une saillie de 0^m,30 à 0^m,40, se trouvaient, comme les dernières assises démolies, dans un très-bon état et pouvaient être conservées avec avantage. Ce fût donc à ce niveau que la démolition fut arrêtée.

On démolit, avec le pilier, la moitié de l'arcade inférieure du bas côté; mais, du côté du chœur, on ne crut pas devoir démolir plus que l'espace nécessaire à l'emplacement du pilier, à cause de l'étendue des désordres. Pour soutenir le mur du triforium et contre-buter les cintres et les arcs à moitié démolis, on établit des étrésillons horizontaux qui reportaient les poussées sur les anciens échafauds, appuyés eux-mêmes par le blindage des piliers opposés. Toutes les pierres pouvant resservir furent retirées avec soin, surtout celles portant des moulures et des sculptures.

Celte démolition permit d'apprécier le véritable état des piliers et de connaître leur construction intime. (La planche XVI donne la coupe des quatre piliers de la croisée, avec les principales lézardes qui existaient au moment de la démolition.)

Le pilier roman était bien appareillé, et construit en pierres tendres d'Orival, qui avaient en moyenne 0^m,60 sur 0^m,40 et une hauteur de 0^m,20. Les joints en mortier avaient de 0^m,03 à 0^m,04 d'épaisseur ; l'intérieur du pilier était bloqué en moellons durs et tendres de 0^m,10 à 0^m,20 de diamètre. Le parement ogival était aussi en pierres tendres d'Orival, comme tout le resté de l'édifice, mais l'appareil en était très-irrégulier ; les pierres variaient de 0^m,40 à 0^m,70, sur 0^m,15 à 0^m,40 de queue, et une hauteur d'assise de 0^m,18 à 0^m,30. Les lits inférieurs étaient souvent sillonnés de rigolés larges et profondes, pratiquées dans le but de faciliter le coulis du mortier ; mais, par suite de l'absorption de l'eau, chaque rigole formait un vide, qui diminuait d'un tiers au moins la surface portante des pierres. De plus, on s'était peu préoccupé de relier le parement avec le remplissage en petits moellons, qui le séparait du pilier roman ; ce parement formait souvent un simple placage de peu d'épaisseur. Les élévations, représentées dans les planches XVII et XVIII, font voir que la section des piliers romans ne se continuait pas uniformément ; tantôt les colonnes et même tout le parement avaient été arrachés, de sorte que le remplissage en moellons subsistait seul ; tantôt les chapiteaux, les bases et même quelques parties d'arc et de voûte, dont les pierres inclinées se reliaient mal avec les parties voisines, avaient été conservés.

Il était naturel qu'une maçonnerie aussi peu homogène se disloquât avec le temps, sous une charge considérable. En outre, les chapiteaux romans se trouvaient à 5 mètres en dessous des chapiteaux ogivaux, et on avait conservé au-dessus d'eux le remplissage en tuf qui commençait les voûtes ; la présence de ce tuf, complétement réduit en poudre, nous parut, avec les mouvements relatifs des maçonneries romanes et ogivales, expliquer la marche de la désorganisation des piliers.

Les piliers romans, qui supportaient une tour dont on voit encore les restes dans les tympans des arcades, avaient, après plus de deux siècles, acquis tout leur tassement. L'enveloppe ogivale, dont ils furent alors entourés, dut tasser sous son propre poids et par l'effet de la dessiccation du mortier; elle ne put donc concourir, avec la partie romane, à supporter la charge des constructions successives qu'on leur superposa. Ce fut probablement à la suite de la construction de la tour carrée que le tuf des voûtes, qui n'a qu'une faible résistance[1], s'écrasa; et, comme il est très-poreux, son volume, de beaucoup diminué, laissa la charge porter sur le revêtement ogival. — Les deux grandes lézardes de la tour carrée et les anciennes dénivellations remarquées autour du pilier N.-O. dataient peut-être de cette époque; elles expliqueraient, dans ce cas, les appréhensions manifestées, en 1477, par Mgr de Harcourt, et, plus tard, en 1714, par Moussard.

Le revêtement ogival céda à son tour; le pilier lézardé ne pouvait, en effet, résister, comme une maçonnerie intacte, aux variations de température et d'humidité qui, dans nos climats, détruisent les pierres et les mortiers par une action lente, mais continue. Le mouvement de descente continua toujours d'une manière insensible, jusqu'à ce que le tuf, réduit en poudre et ne pouvant plus tasser, reportât toute la charge sur le noyau roman. Cet effet dut se produire principalement pendant les dernières années; à la fin de 1855, le pilier N.-O. finissait de s'écraser, et, au commencement de 1856, avant que les blindages ne fussent terminés, nous avons pu voir le pilier N.-E. se couvrir de lézardes et d'épaufrures, et arriver au même état critique. Une ruine complète eût donc été inévitable, si l'on n'avait opéré à temps un soutènement suffisant; un retard de quelques semaines eût tout compromis; un an auparavant, au contraire, le même travail eût été bien plus facile, beaucoup moins dangereux et moins dispendieux.

[1] Ce tuf est pareil à celui qui se forme encore actuellement, près d'Arromanches, sur le bord de la falaise. Le carbonate de chaux, déposé par une source sur de la mousse, la recouvre d'une pierre légère et friable, qui s'accroît, en enveloppant les nouvelles mousses superposées, et qui n'acquiert de solidité que par des infiltrations lentes. C'est seulement dans les dépôts anciens que cette action, longtemps prolongée, peut produire une pierre toujours poreuse, mais très-résistante.

Ces désorganisations successives se manifestent toujours, lorsqu'on fait des reprises partielles de piliers ou de murs, si l'on ne prend pas les plus grandes précautions contre le retrait du mortier et l'élasticité de la pierre, afin d'assurer le concours efficace des nouvelles constructions. Il faut, non-seulement que la reprise en sous-œuvre soit pleine, mais encore qu'elle soit soumise, par des moyens spéciaux, à une compression en rapport avec la charge que supportent les parties conservées.

Le soutènement avait donné assez de preuves de son efficacité, pour autoriser à faire porter sur les échafauds la totalité de la partie Nord, en démolissant le pilier N.-O., avant que le pilier N.-E. ne fût reconstruit. On commença, le 13 décembre, par le couper sous les chevalements, pour en relever la section et faire les panneaux ; le 26 janvier 1857, on reprit activement la démolition, en contrebutant, au fur et à mesure, la poussée des arcades et en modifiant l'étrésillonnement des baies voisines. Le 11 février, les 200 mètres cubes du pilier et de son blindage étaient enlevés.

Pendant que l'on faisait l'épure de la section supérieure, on enlevait le blindage de la partie inférieure, afin de trouver une assise complète pour faire le relevé des bases et des colonnettes dans les petites arcades ; on vit alors un ensemble de lézardes vraiment effrayant, et dont les dessins de la planche VIII ne peuvent donner une idée complète. C'était dans ce pilier que les désordres avaient pris les plus grandes proportions ; les pierres, le mortier et même des moellons durs étaient broyés. Nous eûmes bientôt, au reste, une preuve plus saisissante de la décomposition de cette maçonnerie. Lorsque la démolition eut atteint les chapiteaux des arcades inférieures, le pilier, isolé et abandonné à lui-même, sur une hauteur de 4 à 5 mètres, s'écroulait presque de lui seul ; et les ouvriers, pour ne pas s'exposer inutilement et pour ne pas provoquer un éboulement subit, dont le choc et la pression eussent compromis les charpentes environnantes, durent se placer sur des traverses ne portant pas sur le pilier, et faire tomber, de là, la maçonnerie par petites portions.

Toutes les fentes intérieures aboutissaient vers le sol, en se rapprochant de la circonférence, et laissaient, au centre du pilier, un cône bien conservé et très-résistant qui avait les fondations pour base ; ces dernières étaient donc le point résistant sur lequel l'écrasement avait eu lieu.

On put aussi constater que les coulis en plâtre et en ciment, ayant pénétré jusqu'au centre, avaient considérablement diminué les vides produits par les lézardes, et que le blindage, en ne permettant pas aux parties brisées de se séparer sous la pression verticale, avait prolongé leur résistance assez longtemps pour permettre de terminer le soutènement.

Les piliers S.-E. et S.-O., démolis plus tard de la même manière, tout en présentant des vices de construction semblables, étaient cependant moins brisés, parce que les noyaux romans avaient été plus complétement conservés dans leur intérieur.

§ 2. **Expériences sur les pierres.**

Avant de décrire les travaux de reconstruction, nous indiquerons la nature des pierres dont nous pouvions disposer, et nous donnerons les résultats de quelques expériences faites pour déterminer la résistance.

A 12 kilomètres de Bayeux, on exploite à Orival un banc, de 8 à 10 mètres de puissance, de calcaire tendre, mélangé de lentilles en pierre dure et de parties terreuses disposées obliquement et dans toutes les directions, au travers du banc. Ce calcaire tendre a servi presque exclusivement à la construction de la cathédrale ; il est grenu et résiste bien aux intempéries de l'atmosphère ; mais, comme il n'offrait pas une résistance suffisante pour porter, avec une rigidité et une sécurité complètes, des pressions de 15 à 18 kilogrammes par centimètre carré, pressions qui pouvaient encore être augmentées par la poussée des voûtes, il fut réservé pour les reprises accessoires et les raccords ne faisant pas rigoureusement partie des piliers de la croisée. Les lentilles de pierre dure ne pouvaient être exploitées qu'avec 0^m,16 de hauteur d'assise, et en quantités tout à fait insuffisantes.

A quelques kilomètres plus loin, les carrières de Fontaine-Henri offrent, en couches plus régulières, la même pierre qu'à Orival; la pierre dure y est représentée par un banc de peu d'importance, propre surtout à faire des marches et des dalles.

La pierre des carrières d'Allemagne, près de Caen, est un calcaire tendre, d'un grain très-fin, un peu plus résistant seulement que la pierre d'Orival.

La pierre d'Amblie, pleine de fils difficiles à apercevoir, est un conglomérat de petites coquilles, sans élasticité et sans nerf.

La pierre dure de Ranville, entre Caen et la mer, est une bonne pierre, d'un grain brillant, résistant bien à la gelée; mais sa couleur jaune, désagréable à la vue, ne permettait pas de l'employer, en surface apparente, dans l'intérieur de la cathédrale.

Enfin, à Aubigny, près de Falaise, se trouve une pierre calcaire, dure, compacte, d'un grain fin et homogène, dont le seul défaut est d'être gélive; cet inconvénient est de peu d'importance pour une construction intérieure. On se décida donc à l'employer, malgré le prix élevé auquel elle devait revenir par suite d'un transport de 70 kilomètres [1].

---

[1] Les carrières d'Aubigny sont situées sur la route de Caen à Falaise, à 4 kilomètres de cette dernière ville; elles sont exploitées par une centaine d'ouvriers qui extrayent de 1,200 à 1,500 mètres cubes par an. La plus grande partie de cette pierre est expédiée en Angleterre, où l'on envoie aussi une quantité considérable de pierres de Caen.

Trois bancs sont exploités :

1° Le banc supérieur, portant de $0^m,50$ à $0^m,55$ d'épaisseur, lorsque la pierre est bien épurée; il est divisé par des fils verticaux distants en général de $0^m,60$ à $0^m,90$; la longueur des morceaux est de 3 mètres à 6 mètres. Quelquefois les fils sont plus distants, et on coupe la pierre à une largeur de $1^m,20$ à $1^m,30$, pour qu'elle puisse être placée entre les roues des voitures qui servent au transport. L'épaisseur du banc augmente vers le sud, il porte alors de $0^m,60$ à $0^m,70$; mais, sur une partie de son étendue, il est divisé en deux par un fil horizontal. Pour exploiter ce banc, on détruit toujours un banc de bousin qui se trouve au-dessous.

2° Un deuxième banc qu'on extrait seulement quand on a enlevé le banc supérieur; il porte de $0^m,35$ à $0^m,40$; la longueur des morceaux ne dépasse guère 3 mètres, et leur largeur correspond à peu près à celle des pierres du premier banc. En négligeant la pierre de trop petite dimension, qui est

Les expériences sur la résistance des pierres furent faites avec l'appareil
représenté ci-dessous :

Il se composait : de deux semelles en chêne de 0^m,50/0^m,20, placées de champ,
sur lesquelles on disposait le cube de pierre à essayer ; et d'une poutre de 30/30
et 12 mètres de longueur, renforcée d'une pièce de chêne mise à plat, l'une et
l'autre agissant comme un levier sur le cube à essayer ; une extrémité était
retenue par trois boulons, et l'autre était chargée de poids plus ou moins
considérables. Le cube de pierre était comprimé entre deux fortes plaques
de fer ; pour compenser les inégalités de sa surface, on avait mis, entre la
pierre et le fer, une petite planchette en peuplier de 10^{mm} d'épaisseur. La
pression totale, produite par le levier, était de 2,749 kilogrammes, et chaque
poids, ajouté sur le plateau, augmentait la pression dans le rapport des bras de
levier, c'est-à-dire de huit fois sa valeur. Lorsqu'on chargeait le plateau, les
planchettes en peuplier s'écrasaient, et il fallait serrer les boulons pour conserver l'horizontalité du levier. Voici le tableau de ces expériences :

employée dans le pays, on trouve que le cube extrait du deuxième banc représente les deux cinquièmes
du premier.

3° Un banc au niveau de l'eau qui envahit la carrière pendant le temps des pluies ; si on l'enlevait, on
rendrait la carrière inabordable pour plusieurs mois ; il porte à peine 0^m,30 lorsqu'il est bien ébousiné.

EXPÉRIENCES POUR DÉTERMINER LA CHARGE DE RUPTURE DES PIERRES.

CHARGE de rupture par $0^{m^2},01$.	CHARGE par $0^{m^2},01$.	CHARGE totale.	SECTION en centimètres carrés.	OBSERVATIONS.
	315^k	20,135^k	64,00	**1° Pierre d'Aubigny.** *Cube de $0^m,080$ de côté.* Une pièce de l'appareil se casse et un angle de la pierre est brisé. On n'a pas pu continuer l'expérience sur ce cube.
	228^k	14,607^k	64,00	**2° Pierre d'Aubigny.** *Cube de $0^m,080$ de côté.* La charge reste depuis quatre heures du soir jusqu'au lendemain à cinq heures du matin.
	247	15,839	»	Deux angles s'écornent légèrement.
	264	16,917	»	L'écornement des deux angles augmente et un troisième s'écorne.
267	267	17,076	»	Rupture. Les pyramides de rupture sont obliques; la pression n'a pas eu lieu normalement.
	245^k	11,344^k	46,24	**3° Pierre d'Aubigny.** *Cube de $0^m,068$ de côté.* Une épaufrure à l'angle; la charge reste pendant vingt-quatre heures.
321	321	14,836	»	La pierre supporte ce poids depuis onze heures du matin jusqu'à trois heures du soir, puis elle rompt.
	86^k	3,981^k	46,24	**4° Pierre tendre d'Orival.** *Cube de $0^m,068$ de côté.* Elle s'épaufre sur les angles; on voit se former des fentes à mesure que la charge augmente.
102	102	4,700	»	Rupture.
114	114^k	5,420^k	47,61	**5° Pierre tendre d'Orival.** *Cube de $0^m,069$ de côté.* Rupture.
	86^k	3,981^k	46,24	**6° Pierre d'Allemagne (tendre).** *Cube de $0^m,068$ de côté.* Un angle est légèrement froissé.
141	141	6,500	»	Rupture.
101	101^k	4,680^k	46,24	**7° Pierre d'Amblie.** *Cube de $0^m,068$ de côté.* Rompt brusquement.
	113^k	5,221^k	47,61	**8° Pierre d'Amblie.** *Cube de $0^m,069$ de côté.* Commence à s'épaufrer.
	160	7,397	»	Une fente à $0^m,01$ de l'arête.
	178	8,021	»	Les épaufrures augmentent.
184	184	8,488	»	Rupture.
190	190^k	8,752^k	46,24	**9° Pierre de Ranville.** *Cube de $0^m,068$ de côté.* Rompt brusquement.

Des expériences ont aussi été faites sur les bois placés debout; mais l'appareil n'offrait pas assez de stabilité; et, comme le bois a peu de cohésion dans le sens transversal, tous les cubes essayés se sont rompus en se déversant.

Voici les résultats, par centimètre carré, sur des cubes de 50^{mm} de côté.

Sapin de Suède, fibres serrées.........				306^k
Id.	*id.*	*id.*	....	313^k
Id.	du Jura	*id.*	....	247^k
Id.	*id.*	*id.*	....	241^k

$\left.\begin{array}{l}\\ \\ \\ \\ \\\end{array}\right\}$ Le bois s'est refoulé sur lui-même et sa hauteur de 50^{mm} a été réduite à 16^{mm} avec un déversement de 7^{mm}; les fibres ne se sont pas détachées les unes des autres.

Sapin du Jura, fibres poreuses........			168^k
· Chêne du Calvados.................			247^k
Chêne de Champagne...............			234^k
Id.	*id.*	....	254^k

$\left.\begin{array}{l}\\ \\\end{array}\right\}$ A commencé à se comprimer avec 179^k .

§ 3. **Reconstruction des piliers.**

L'ancienne fondation romane du pilier N.-E. fut arrasée à $0^m,25$ au-dessous du niveau des transepts ; pour la relier avec le massif en béton couvrant les tubes, on incrusta, moitié dans le béton, moitié dans la maçonnerie romane, quatre pierres de $1^m,50$ de longueur.

Ce fut au-dessus de la première assise, dépassant le dallage de $0^m,10$, que la première pierre fut solennellement posée par Mgr Didiot, évêque de Bayeux et de Lisieux, le 11 novembre 1856, un an après le commencement des travaux.

Afin de relever des gabarits reproduisant exactement les formes anciennes, on réunit dans le chantier, pour servir d'épure, une assise de chaque section différente du pilier. Les repères, placés sous les chevalements, déterminèrent la position des colonnettes devant supporter les chapiteaux des grands arcs; et on se régla sur les parties correspondantes des arcades inférieures, pour les colonnettes qui devaient correspondre à leurs arcs.

Il fallait obtenir un pilier dont le tassement fût insensible au moment où l'on ferait reposer sur lui le poids de la tour; aussi la maçonnerie en pierre de taille, par assises réglées, fut-elle préférée à un simple parement recouvrant un blocage en moellons, dont l'ensemble eût été moins homogène. On adopta, au lieu de l'appareil convergent dont la pose eût été plus facile, l'appareil rectangulaire qui offrait une liaison plus grande et donnait moins de déchets à la taille. Les assises, dont la hauteur variait de 0^m,35 à 0^m,53, alternaient régulièrement de deux en deux, leurs joints verticaux étant toujours espacés de 0^m,20 au moins. La figure ci-dessous donne, par un trait plein et par un trait pointillé, la dis-

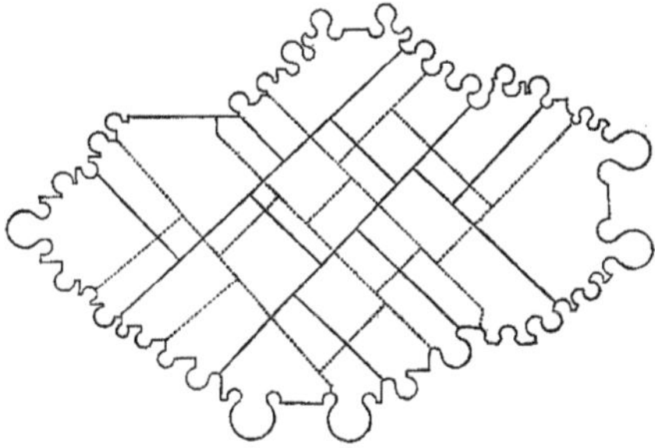

position des deux assises alternées dans le pilier S.-E. Lorsque la dimension des pierres le permettait, on diminuait le nombre des joints, sans changer la disposition de l'assise.

La taille de la pierre ¡sur le chantier était approchée à 5^{mm} de la surface définitive, afin de ne laisser que la marge strictement nécessaire pour la pose et le ravalement.

La facilité d'aborder le nouveau pilier permit de poser toutes les pierres à la louve; elles étaient accrochées à un palan qui pouvait glisser sur une poutre, mobile elle-même entre les chevalements, de sorte qu'elles étaient transportées au-dessus du point désigné pour leur emplacement. Chaque assise terminée était dérasée, afin d'obtenir un lit parfaitement horizontal qui, lors de la pose de l'assise suivante, assurât la verticalité des moulures superposées.

Le mortier était préparé avec peu d'eau et on le manipulait longtemps pour arriver à lui donner de l'onctuosité; il contenait 100 kilogrammes de ciment de Portland par mètre cube; ainsi composé, il ne devait se trouver en contact qu'avec des pierres bien mouillées, qui ne pussent pas l'assécher. On égalisait le mortier au moyen de règles, en donnant au joint une épaisseur de 7^{mm}; puis on mouillait sa surface, pour faciliter son glissement et sa répartition plus exacte; on assurait ensuite la pierre au moyen de quelques coups de dame. Le mortier, dans ces conditions, durcit rapidement; l'eau qui a été versée, soit sur l'assise, soit sur le mortier, ne se mélange pas avec ce dernier; elle est rapidement absorbée par la pierre. La prise du mortier est accélérée par la pression, et les combinaisons chimiques ont lieu avec d'autant plus d'énergie que l'excès d'eau est moins considérable.

On aurait pu poser facilement une assise par jour, mais le manque de ressources imposa souvent une marche plus lente; le pilier N.-E., commencé avec le mois de novembre, n'arriva sous les chevalements que le 19 mars. En montant le pilier, on raccordait avec lui en même temps les petites arcades et les montants des fenêtres; ces parties, restaurées avec les dimensions anciennes, étaient faites en pierres d'Orival, et la pierre d'Aubigny ne resta apparente que pour le pilier et les deux premiers voussoirs de chaque arcade contiguë.

Arrivé à 0^m,80 des chevalements, on voulut, avant d'opérer le raccordement de la nouvelle maçonnerie avec l'ancienne, se rendre compte du tassement qu'éprouverait le pilier au moment de la mise en charge. A cet effet, on produisit une compression, au moyen de dix verrins posés sur la dernière assise et dont les têtes s'appuyaient sous les constructions supérieures, par l'intermédiaire de fortes semelles en chêne. Des expériences préalables avaient donné, pour un effort de 18 à 22 kilogrammes agissant sur le levier du verrin, un poids soulevé de 2,000 kilogrammes, c'est-à-dire un effort vertical cent fois plus considérable que la force appliquée sur le levier.

Un premier serrage des verrins eut lieu le 3 mars; le lendemain, on augmenta la pression, et l'on expérimenta l'effort nécessaire pour faire marcher un verrin. Il fallait une force de 290 kilogrammes appliquée à l'extrémité du levier, ce qui correspondait, pour les dix verrins, à une pression verticale de 290,000 kilogrammes. Mais cette pression ne doit être estimée qu'à 200,000 ou 250,000 kilogrammes; car il est à croire que les frottements augmentaient, par le grippement, plus que proportionnellement à la pression.

Par suite de cette compression, les coins, enfoncés entre les poutres inférieures et supérieures du chevalement, furent desserrés, les uns complétement, les autres en partie. Le tassement total du pilier n'atteignit pas 2^{mm}; et cette quantité, quelque petite qu'elle soit, ne peut être que trop forte, parce que le point de repère était pris sur les poteaux qui se relevaient à mesure qu'on les déchargeait. Cette expérience prouva que le soin apporté à la confection des mortiers et à la pose de la pierre rendait les tassements presque insensibles, surtout si l'on donnait au mortier le temps de sécher, avant que la tour ne vînt reposer sur les nouveaux piliers.

Les verrins étant enlevés, les assises furent posées jusque sous les chevalements, entre lesquels on installa une large pierre sur des cales en plomb; on compléta au-dessus le raccordement des constructions, puis on serra, après coup, le joint inférieur par un battage énergique. Comme la planche XIV donne le détail de la jonction des nouvelles constructions aux anciennes pour le pilier S.-O., nous remettons la description de cette opération longue et minutieuse au moment où nous parlerons de ce pilier.

L'enlèvement successif des différentes parties du chevalement, remplacées au fur et à mesure par la pierre, dura du 19 mars au 22 avril. A cette époque, le pilier N.-E. était complétement terminé; il manquait toutefois quelques pierres que l'on ne pouvait placer qu'après avoir reconstruit le pilier du chœur et réparé le mur du triforium.

Le poteau qui se trouvait dans le chœur, près du pilier N.-E., et qui pesait de 12,000 à 13,000 kilogrammes, fut transporté d'une seule masse près du pilier S.-E., au moyen de palans attachés aux fermes; celui qui se trouvait dans le transept Nord fut démonté et replacé dans le transept Sud. Ces deux poteaux et les deux précédemment placés près du pilier S.-E. portèrent le chevalement, qui fut alors disposé au-dessus de ce pilier. Ce travail fut terminé le 16 mai 1857.

Non-seulement on démolit le pilier N.-O. avant d'avoir reconstruit le pilier N.-E., mais on se décida aussi, dès que le pilier N.-E. eut atteint une hauteur de 14 mètres et offrit un point d'appui suffisant, à restaurer la partie Nord du chœur, en enlevant et reconstruisant en même temps le premier pilier et la partie du triforium situés au-dessus de la première arcade.

Le mur formant le fond de la galerie du triforium était percé de fenêtres à l'étage supérieur, et portait au-dessus les chéneaux et la balustrade extérieure; il était séparé, par le passage des galeries du triforium et de l'étage supérieur, du groupe de colonnettes recevant les arcades du triforium ainsi que la retombée des grandes voûtes. Ce mur, relié dans toute sa hauteur avec le pilier N.-E., avait suivi le mouvement de descente en glissant sur l'arcade, au-dessus de laquelle il se trouvait en porte-à-faux (pl. XV, fig. 2); il s'était lézardé obliquement, depuis la fenêtre supérieure, près du pilier, jusqu'à la clef de la deuxième arcade, et d'autres lézardes parallèles se montraient dans les travées plus éloignées. Les parties supérieures de l'édifice, conservées intactes, reposaient sur le groupe de colonnettes intérieures.

La planche VIII représente les lézardes de cette partie du monument. Leur direction indique que le mur, tout en descendant, tombait vers le pilier, et produisait, par conséquent, une poussée horizontale très-intense, à laquelle les étayements et les étrésillonnements, représentés dans la planche II, ne pouvaient résister que d'une manière incomplète; aussi ce ne fut qu'au moment du serrage des grandes fermes, que la cause de ces désordres fut arrêtée. Le premier pilier du chœur était rompu obliquement, à partir des chapiteaux en face du pilier N.-E., jusqu'aux bases du côté opposé; le deuxième et le troisième piliers avaient aussi des joints écrasés par l'effet de la poussée horizontale. Tous ces désordres étaient graves par eux-mêmes et menaçaient de s'étendre, de proche en proche dans tout le chœur; on ne pouvait donc y remédier trop tôt.

Le mur du triforium fut soutenu par un arc en décharge noyé dans le tympan et s'appuyant sur le nouveau pilier N.-E.; les cintres des arcades inférieures furent renforcés par quatre étais fortement serrés; et un chevalement, traversant le mur de part en part, fut établi à 2 mètres au-dessus du pilier du chœur. On put alors commencer la restauration de ce côté de l'édifice, en en reprenant, l'une après l'autre, les parties suivantes : le pilier jusque sous le chevalement; les deux arcades qui s'appuient sur ce pilier; et le mur du triforium. .

Le pilier fut fait en pierre d'Orival; on observa la hauteur des anciennes assises, et on employa les vieilles pierres qui n'avaient pas été détériorées ; au-dessus des chapiteaux, et dans le massif des voûtes du bas-côté, furent placées de longues pierres dures, faisant saillie, et destinées à porter le contre-fort et des arcs en décharge. Le mur du triforium fut étayé, la première arcade du chœur fut reconstruite en entier, et les parties défectueuses de la deuxième arcade furent remplacées. Ces arcades reportèrent sur le pilier la charge verticale, et l'on put enlever le chevalement et le remplacer par des pierres venant renforcer la saillie dans les voûtes du bas-côté. On resserra alors l'étrésillonnement placé dans la galerie du triforium, pour soulager le mur de la charge qu'il pouvait encore porter; on put ainsi démolir ce mur tout entier jusqu'à la grande lézarde, construire les arcs en décharge dans l'épaisseur des voûtes du bas-côté, et poser sur ces arcs le mur du triforium, tout en le reliant avec l'ancienne construction et avec le pilier N.-E. Cette restauration, commencée au mois d'avril 1857, fut terminée au mois d'août de la même année.

En même temps que l'on démolissait le premier pilier du chœur, on commençait la reprise partielle du premier pilier de la nef, au Nord, et la restauration de l'arcade qui le joignait au pilier N.-O. De sorte que, pendant le mois d'avril, on travaillait simultanément : à terminer la jonction du pilier N.-E. avec la tour, à poser les assises du pilier N.-O., à démolir le pilier du chœur et à refaire la première arcade de la nef.

Les mêmes vices de construction, que nous avons constatés dans les piliers supportant la tour, se retrouvent dans ceux de la nef. Le pilier roman primitif avait été entouré, à la fin du douzième siècle, d'une nouvelle maçonnerie, et cette reprise partielle, qui n'était pas homogène avec le noyau, s'y trouve naturellement

mal reliée. La coupe du pilier, représentée dans la planche XVI, fig. 5, montre
la forme du pilier primitif et la disposition du revêtement ajouté probablement
lors de la reconstruction de 1161 à 1231. Les colonnes et le parement du pilier
roman ont été en partie enlevés, comme on le voit dans les élévations des piliers de la croisée. Les bases étaient complètes dans l'intérieur de la maçonnerie ainsi que les tailloirs des chapiteaux, qui sont encore apparents du côté
de la nef. Ces piliers, malgré leur forte section (4 mètres carrés), sont peu
solides ; ceux voisins des piliers N.-O. et S.-O. n'avaient pu résister aux pressions
occasionnées par l'affaissement de ces piliers ; les lézardes qui s'étaient produites prouvaient que les constructions s'étaient séparées. Il était donc indispensable de reprendre, au moins en partie, les deux piliers de la nef, et,
comme les arcades qu'ils supportaient durent être en partie démolies, à cause
de leur mauvais état, on en profita pour rétablir les anciennes arcades romanes,
à la place des arcades ogivales qui rompaient l'uniformité de la nef. Ces arcades
dataient du quatorzième siècle, elles avaient été faites en même temps que l'enveloppe ogivale des piliers de la croisée ; elles tombaient gauchement sur ces
piliers, dont elles mettaient la partie supérieure en porte-à-faux. En les démolissant, on a trouvé dans leur maçonnerie des moulures et des voussoirs de
l'arcade romane primitive, employés comme moellons de remplissage.

Au mois de mars 1857, on reprit en sous-œuvre environ un quart de la section de ces piliers de la nef, et l'on coula, dans les fentes intérieures, du ciment
qui parvenait jusque dans les fentes apparentes sur les autres faces. Cette dernière précaution complétait suffisamment la consolidation de piliers trop forts
pour le poids qu'ils ont à supporter. Les arcades romanes, au-dessus de ces
piliers, furent exécutées semblables à celles du reste de la nef.

Le pilier N.-O., commencé le 16 février 1857, fut terminé le 2 juillet ; les poteaux qui portaient le chevalement, étant ainsi devenus libres, furent transportés
au pilier S.-O. A ce moment, les travaux les plus importants du côté du Nord
se trouvaient assez avancés pour assurer toutes les conditions d'équilibre ; il ne
restait plus qu'à raccorder les parties supérieures du pilier et restaurer les
fenêtres du transept et de la nef ; mais avant on voulut remplacer les fermes

portant le côté Sud, par la maçonnerie des piliers S.-E. et S.-O., et faire ainsi disparaître les dangers que le bois pouvait présenter en pourrissant ou en brûlant.

Le pilier S.-E. fut déchargé au moyen des poteaux et des chevalements qui avaient servi au pilier N.-E., et sa démolition fut exécutée du 18 mai au 16 juin. Le noyau roman fut trouvé beaucoup plus complet que dans les autres piliers. C'est à cette cause que l'on doit rapporter la meilleure conservation de cette partie de l'édifice, la maçonnerie primitive ayant conservé assez de corps pour résister seule ou presque seule à la pression.

Le côté Sud du chœur ne présentant que des fentes de peu d'importance, on n'eut à enlever que le pilier S.-E. seulement, et, en le reconstruisant, on put le raccorder au fur et à mesure avec les parties voisines. L'assise sous les chevalements fut placée le 7 septembre; mais là, on trouva une difficulté spéciale pour la jonction de ce pilier avec les parties supérieures. Dans l'angle de la tour, il y avait un escalier, indiqué en pointillé dans la planche XXIII. Dix-huit mois auparavant, nous l'avions découvert à 5 mètres au-dessus des chapiteaux, et nous avions eu soin de le déblayer des pierres sèches dont il avait été rempli, et d'y substituer un bon blocage. C'est la continuation de cet escalier que nous retrouvions en ce moment. On ne pouvait pas laisser au-dessus du nouveau pilier des maçonneries dans d'aussi mauvaises conditions; il fallut continuer la démolition de la partie centrale de la maçonnerie, jusqu'à 2 mètres au-dessus des chevalements; puis, après avoir reconstruit cette partie, en employant toujours du ciment qui durcissait en peu de temps, on put serrer la pierre centrale, et remplacer chaque chevalement en multipliant les étais provisoires.

Parallèlement à ce travail, et après la reconstruction du pilier N.-O., on avait commencé, le 24 juillet, la démolition du pilier S.-O. resté le dernier. Le 7 septembre, on posait la première pierre : la trente-quatrième assise fut mise en place le 18 décembre, mais la jonction avec les anciennes constructions ne fut terminée qu'à la fin de janvier 1858.

La planche XIV, qui représente le chevalement du pilier S.-O. et la position des dernières pierres de la reprise en sous-œuvre, nous facilitera la description de l'opération délicate et importante du raccordement des nouvelles maçonneries avec les anciennes. Cette planche donne (fig. 1) un plan des chevalements et représente leur élévation (fig. 2). Les figures 3, 4 et 5 montrent le travail de jonction à différents degrés d'avancement.

La trente-quatrième assise arrivait jusqu'aux chevalements, sans les toucher ; au-dessus, on avait réservé entre les deux poutres supérieures un intervalle de $1^m,30$; ce fut dans cet espace que l'on pratiquait, par un côté, un premier évidement d'un peu plus de 1 mètre de hauteur au-dessus des chevalements. On plaçait d'abord deux pierres A et B de la trente-cinquième assise à la hauteur des poutres inférieures, puis on glissait, sur quatre cales en plomb, la pierre centrale de la trente-sixième assise, dont le joint inférieur ne devait être fait qu'après le raccordement des assises supérieures ; on posait dessus deux pierres de la trente-septième assise et trois de la trente-huitième. Il restait un espace vide de $0^m,15$, qu'on remplissait avec un blocage en moellons durs chassés au marteau dans un mortier en ciment. On arrivait ainsi à faire une maçonnerie dans laquelle le mortier, fortement comprimé, faisait prise très-rapidement, et pouvait supporter immédiatement une grande pression. Deux ou trois jours après, on procédait au remplissage du joint inférieur de la pierre centrale. Pour mouiller complétement les surfaces des pierres, on inondait le joint avec de l'eau retenue pendant quelque temps à un niveau supérieur, au moyen d'un godet en plâtre ; on le remplissait ensuite avec un mortier composé mi-parti de sable et ciment de Portland. L'eau, restée adhérente à la pierre, humectait la surface du mortier sans le délayer, et lui permettait ainsi de glisser et de transmettre la pression, lorsque, le joint une fois plein, on venait à le serrer. Le mortier était poussé dans le joint avec une planchette ; puis, lorsqu'elle ne faisait plus d'effet, on introduisait, sur le pourtour du joint, du ciment en poudre afin d'absorber l'humidité qui ressortait du mortier comprimé, en interposant une corde pour empêcher le mortier de revenir, et alors on le frappait avec une batte en fer, de 20 à 25 kilogrammes, manœuvrée à la main. L'extrémité qui frappait le mortier avait 8^{mm} d'épaisseur sur une largeur de 60^{mm}, et affectait une forme concave.

On serrait ainsi les quatre côtés à la fois, jusqu'à ce que les coups devinssent sonores; on terminait alors l'opération par trois ou quatre volées, en chassant la batte à la masse. Chacun de ces derniers coups faisait résonner les voûtes de l'église, ce qui indiquait la liaison parfaite des deux maçonneries. La pierre centrale, ayant $1^m,40$ sur $1^m,15$, soutenait directement la tour sur une surface de $1^{m2},61$; et eût-elle été chargée de tout le poids que le pilier était destiné à supporter, qu'elle n'aurait travaillé qu'au coefficient de $\dfrac{925,000}{1,6100} = 57$ kilogrammes par centimètre carré, soit moins d'un cinquième de 320 kilogrammes, charge de rupture.

On pouvait dès lors enlever la poutre S et la remplacer par la pierre de taille, faire, entre deux assises, un serrage analogue à celui du joint inférieur de la pierre centrale, et doubler ainsi la section résistante. Les poutres R, Q et P étaient enlevées successivement, et remplacées au fur et à mesure par de la maçonnerie toujours serrée de la même manière.

Après cette opération exécutée au pilier S.-O., tous les chevalements des naissances se trouvaient remplacés, et les piliers reconstruits étaient prêts à porter la tour.

Nous donnons ci-après un tableau des principales dates de la démolition et de la reconstruction de chaque pilier.

DÉSIGNATION DES PILIERS.	CHEVALEMENTS		DÉMOLITION	RECONSTRUCTION		
	COMMENCÉS LE :	FINIS LE :	COMMENCÉE LE :	COMMENCÉE LE :	ARRIVÉE SOUS LES CHEVALEMENTS LE :	FINIE LE :
Nord-Est...	26 juillet 1856	26 août 1856.	18 septembre 1856	27 octobre 1856.	19 mars 1857.	22 avril 1857.
Nord-Ouest.	20 août 1856.	12 septembre 1856	13 décembre 1856.	11 février 1857.	16 mai 1857.	2 juillet 1857.
Sud-Est....	4 mai 1857.	16 mai 1857.	18 mai 1857.	16 juin 1857.	7 septembre 1857	11 nov. 1857.
Sud-Ouest..	3 juillet 1857.	23 juillet 1857.	24 juillet 1857.	7 septembre 1857	18 décemb. 1857.	25 janv. 1858.

Avant de desserrer les fermes, on réparait les parties dont la destruction avait été causée par l'affaissement des piliers. Si l'on en excepte la partie Sud du chœur, qui ne fut l'objet que de reprises insignifiantes, toutes les arcades contiguës aux gros piliers furent plus ou moins entièrement reconstruites, au nombre de qua-

torze. Pour compléter les abords du pilier N.-E., il fallut reprendre la moitié de
l'arcade du transept donnant entrée dans les bas-côtés du chœur, la fenêtre au-
dessus et les voûtes des bas-côtés; puis, toutes les maçonneries terminées, refaire
les combles en partie enlevés pour la pose des poteaux.

Lorsque la maçonnerie de ces arcades fut terminée et raccordée avec celle du
gros pilier, on enleva les cintres et les blindages pour reprendre l'arceau dans
ses parties endommagées, replacer les voussoirs qui pouvaient resservir, et remplacer ceux qui avaient été broyés. Toutes les sculptures ne furent terminées que
sur le tas. Dans le transept Nord les deux fenêtres, au-dessus des arcades des
bas-côtés, durent être reconstruites en entier, ainsi que le mur placé au-dessus
et la balustrade extérieure; la clef de leurs arcs était descendue de 80^{mm}. On
commença par rétablir le parement intérieur, puis on démolit la masse du
mur, en la remplaçant provisoirement par des étrésillons qui maintenaient
seulement l'écartement. On évita ainsi de produire une nouvelle pression qui
eût augmenté les désordres dans les angles du transept. L'escalier donnant accès
dans les combles, et qui se trouvait dans les contre-forts d'un de ces angles, fut
restauré par la suite.

Près du pilier N.-O., la fenêtre de la nef fut rétablie de la même manière,
ainsi que les voûtes et arcades inférieures. Autour des piliers S.-E. et S.-O les
réparations furent moins considérables; outre les raccords, on fit à la première
arcade de la nef la même modification que du côté Nord. On reprit par parties
le premier pilier de la nef, et, comme il était plus fortement endommagé que le
pilier en face, et que son intérieur était aussi broyé que celui des piliers de la
croisée, on dut remplacer la moitié de sa section; le cœur en moellons fut enlevé
tout entier, et, dans les parties conservées, on coula du ciment pour remplir
les fentes. L'arcade romane primitive et les aplombs furent rétablis, à la place
de l'arc ogival qui rompait l'uniformité de la nef, en diminuant la section du
pilier S.-O. Ce furent au reste les seules parties de l'édifice dans lesquelles la
reconstruction ne fut pas la reproduction exacte des parties démolies.

Une autre réparation importante fut exécutée sous la tour, c'est celle des
voussoirs des grands arcs. Lorsqu'on put enlever le blindage qui garnissait les

cintres des anciens échafauds, on les trouva en meilleur état que l'on ne pouvait l'espérer; l'arc Ouest nécessita seul une reprise assez complète; pour les trois autres, il suffit de changer les claveaux brisés et de reposer ceux qui avaient bougé.

Nous ne nous arrêterons pas davantage aux travaux de réparation, de raccordement, de ravalement et de sculpture, qui remplirent les années 1858 et 1859, et nous allons terminer notre description par quelques mots sur le desserrage des grandes fermes et l'enlèvement des échafauds.

§ 4. Enlèvement des échafauds.

Après la construction des piliers N.-E. et N.-O., deux de leurs poteaux ayant été transportés près des piliers S.-E et S.-O., on démonta les autres devenus inutiles et encombrants. Le 7 août 1857, on déposa l'ancien échafaud de l'arcade Nord, sauf le cintre que l'on fit reporter sur les fermes; à la fin du même mois, on commençait à démonter les étrésillonnements des baies du chœur, et ce travail de déblayement fut poursuivi dans les différentes parties de l'édifice, au fur et à mesure de l'achèvement des réparations. Lorsque les deux piliers Sud furent terminés, on enleva les poteaux, puis les anciens échafauds, comme dans l'arcade Nord.

Les fermes restaient donc seules, portant toujours la tour, car les nouveaux piliers n'étaient chargés que du poids des tympans; et il s'agissait de reporter sur eux le poids total, en enlevant les fermes sans secousses et en ne diminuant leur action que graduellement.

Les soins que nous avons pu apporter à la pose, grâce aux facilités ménagées pour la construction, et la réussite complète du mode de jonction, nous donnaient l'assurance d'un tassement uniforme des quatre piliers; d'un autre côté, l'expérience faite avec des verrins sur le pilier N.-E., avant la pose des dernières assises, nous permettait d'espérer que le tassement définitif serait très-faible.

Cependant l'état de tension des maçonneries de la tour carrée, dû aux écrasements inégaux des anciens piliers, obligeait à procéder au décintrement, peu à peu et sur tous les côtés à la fois.

Dans le but de constater les mouvements qui pourraient se produire pendant l'opération, on installa, sous les grands arcs, huit fils à plomb, deux par pilier se contrôlant mutuellement. Pour constater le mouvement de descente de la tour, une tige en fer rond de 15^{mm} fut placée près du pilier S.-E.; à son extrémité, on fixa une aiguille donnant des indications d'un dixième de millimètre. Près des autres piliers, on se contenta de fils de fer de 4^{mm} de diamètre, faisant mouvoir une aiguille semblable. On redressa les fils de fer en y suspendant un poids de 280 kilogrammes, pendant vingt-quatre heures (la tension produite était de 24 kilogrammes par millimètre carré); il fut ensuite remplacé par un poids de 35 kilogrammes. Les maçonneries furent visitées avec soin, et des repères placés dans les endroits où un mouvement était possible.

Le 22 juin 1858, on commença le desserrement en faisant glisser, pour les deux fermes d'une même arcade, les pieds des étais du milieu sur leurs semelles; puis on desserra les vis d'un sixième de tour, ce qui produisit un relâchement vertical de 1^{mm},6. Cette opération, faite pour toutes les arcades, fut répétée le même jour, ce qui porta le relâchement à 3^{mm},2; mais l'élasticité des bois tendant à leur faire reprendre leur longueur primitive, toutes les pièces restèrent à joint comme auparavant. Les aplombs s'étaient conservés, et les aiguilles des fils de fer indiquèrent une descente de la tour de 5 à 8 dixièmes de millimètre. Quatre hommes suffisaient pour desserrer les vis, et le faisaient avec moins d'effort que cinq hommes n'en avaient employé pour les serrer; il serait possible que le temps sec et chaud, qui durait depuis longtemps, eût produit une dilatation des piliers et peut-être un retrait des bois qui, avec la pression produite par le bourrage du dernier joint, avaient chargé les piliers, en diminuant la tension primitive des fermes.

Le 24 juin, voyant que la descente ne continuait pas, on fit, en deux fois, desserrer toutes les vis de 3^{mm},8, et le mouvement de descente de la tour recommença. Le 26, après un nouveau jour de repos, on desserra les vis en deux fois de 5^{mm}, ce qui porta le relâchement total à 12^{mm}; alors seulement les chevalements craquèrent en se redressant, et l'on put voir des jours très-fins entre quelques étais et leurs semelles supérieures. A ce moment, on se décida à faire descendre toutes les vis, de manière à produire un jour bien marqué au-dessus de tous les étais, et l'on desserra les tirants des naissances. Le 27, on constata que l'écartement des piliers n'avait pas dépassé 1^{mm}, et même quelques fils à plomb n'indiquèrent aucun mouvement. Quant à la descente, elle n'avait pas augmenté depuis le 25; elle était de 1^{mm},2 pour les piliers N.-E. et N.-O., de 1^{mm},9 pour le pilier S.-O., et de 2^{mm},8 pour le pilier S.-E. Les déterminations de mouvements aussi faibles dans un édifice aussi considérable sont très-difficiles; le moindre souffle dérange le fil à plomb, et les températures très-variables, à cause des réverbérations et des courants d'air, modifient la longueur des tiges en fer, et rendent incertaines les corrections de dilatation fournies par un seul thermomètre.

Toutes les fenêtres supérieures, dont les arceaux reposent sur la tour, indiquèrent ce mouvement de descente par une très-légère fissure qui allait en mourant de l'intrados à l'extrados, et qui ne s'est pas accrue depuis. Tous les tassements s'étaient donc produits, et l'équilibre définitif était assuré.

Le mois suivant, à l'occasion de la visite que l'Empereur vint faire à la cathédrale de Bayeux, les fermes furent démontées et enlevées en huit jours, pour débarrasser l'édifice et permettre de juger dans son ensemble du résultat des travaux.

Le travail était en effet terminé; le mouvement de descente de la tour, qui, écrasant ses appuis disjoints, menaçait d'entraîner en même temps le reste de l'édifice, avait d'abord été ralenti par les blindages; il avait été arrêté par l'établissement des fermes, pour lesquelles on avait dû engager dans le sol de vastes fondations; les piliers avaient pu ensuite être reconstruits très-solidement, et ils soutenaient la tour qui n'avait subi aucune altération, depuis le moment où elle avait reposé sur les fermes. Ces piliers, non-seulement peuvent supporter le couronnement que l'on ajoutera un jour à la tour, mais encore ils forment, au centre de l'édifice, quatre masses qui arrêteront toutes les poussées des parties environnantes, et ils offrent, au lieu d'une cause de ruine, un point d'appui pour tout le reste de la cathédrale.

Les piliers ne supportent actuellement, au plus, qu'un dix-huitième de la charge de rupture, et ils peuvent sans danger travailler à un coefficient double; comme ils n'ont pas la même section, ils ne supportent pas la même charge par centimètre carré, et voici comment les pressions se distribuent à la base de chaque pilier :

DÉSIGNATION DU PILIER.	SECTION TOTALE.	CHARGE TOTALE.	PRESSION PAR CENTIMÈTRE CARRÉ.
		Kilogrammes.	Kilogrammes.
Nord-Est.........	6^{m2},259	1,138,000	18,2
Nord-Ouest.......	7 ,622	1,177,000	15,4
Sud-Est..........	6 ,823	1,154,000	16,9
Sud-Ouest........	8 ,011	1,188,000	14,8
Totaux et moyenne.	28^{m2},715	4,657,000	16,2

DÉPENSES.

Après avoir exposé sommairement, dans les chapitres précédents, les travaux qui ont été exécutés à la cathédrale de Bayeux de 1855 à 1859, en indiquant les difficultés qu'ils ont présentées, les moyens employés pour les surmonter et enfin le résultat obtenu, il nous paraît intéressant de faire connaître également le chiffre auquel se sont élevées les dépenses nécessitées par ces travaux.

Dans tout travail d'art ou d'industrie, les chiffres de la dépense sont un élément nécessaire pour apprécier la valeur des moyens employés. Notre intention n'est pas de donner ces chiffres dans un exposé détaillé et minutieux ; nous énoncerons seulement la somme dépensée, en la décomposant suivant ses éléments principaux.

I

TRAVAUX DE SOUTÈNEMENT.

Sondages. . . . . 1,400 francs.

Fondations.

Tubes (26,600^{kil}).	24,000 francs.	
Transport des tubes	750	
Montage sur le chantier.	1,600	
Béton (566me)	9,600	
Journées et frais divers..	9,600	
Total des fondations.	45,550 francs.	45,550
A reporter.		46,950 francs.

DÉPENSES.

A reporter. . . . . . 46,950 francs.

Ceinturage de la tour et tirants des naissances.

Tirants (8,500^{kil}) . . . . 8,500 francs.

Transport des tirants.. 250

Bois (chêne et sapin). 1,100

Main-d'œuvre et frais divers. 1,200

Total du ceinturage, etc. . . . . . 11,050 francs.　11,050

Echafauds de soutènement.

Sapin (1,100^{mc}) . . . . 90,000 francs.

Chêne (120^{mc}). 14,000

Transport des bois. 22,000

Façon ⎱ Etrésillonnement ⎱ Petites baies (330^{mc}). ⎱
et ⎰ et ⎰ Fermes (510^{mc}). . . . ⎰ 40,000
pose. ⎰ étayement. ⎰ Poteaux (280^{mc}) . . . ⎰

Poutres en fer des chevalements (20,000^{kil}) 18,000

Appareils de serrage (10,500^{kil}) 7,900

Boulons, etc. (15,000^{kil}) 16,000

Transport du fer. 1,200

Pointes et clous.. 1,100

Journées d'ouvriers; travaux en régie pour étayement

et blindages. 96,000

Total des échafauds de soutènement. . 306,200 francs.　306,200

II

TRAVAUX DE REPRISE EN SOUS-OEUVRE.

Maçonnerie. ⎱ Pierre d'Aubigny (633^{mc}). . . . . . . 107,000 francs.
⎰ Pierre d'Orival (262^{mc}).. 9,300
⎰ Moellons, etc. (216^{mc}). 6,300

A reporter. . . . . 122,600 francs.　364,200 francs.

Reports.	122,600 francs.	364,200 francs.
Taille de la pierre (2,463^{mq}).	57,900	
Ravalement (929^{mq})	27,000	
Dallages (730^{mq}).	7,200	
Sculptures et vitrerie	30,000	
Journées d'ouvriers, travaux en régie.	130,000	
Total des travaux de reprise en sous-œuvre. .	374,700 francs.	374,700 francs.

III

DÉPENSES DIVERSES.

Agence, honoraires, frais divers. . . . . 117,000 francs.

RÉSUMÉ.

Travaux de soutènement.	364,200 francs.
Travaux de reprise en sous-œuvre.	374,700
Dépenses diverses.	117,000
Total général de la dépense. . .	855,900 francs. 855,900 francs.

Après avoir donné le chiffre des dépenses, il nous paraît convenable de faire connaître l'origine des fonds à l'aide desquels elles ont été payées.

Crédits alloués par l'Etat.		686,900 francs.
Vieux matériaux repris par les entrepreneurs.		33,000
Quêtes dans le diocèse. . .	Ville de Bayeux. . . .	40,000
Votes du Conseil général.		
Votes du Conseil municipal		
de Bayeux.	Reste du diocèse. . . .	96,000
Total des sommes (égal à la dépense). . .		855,900 francs. 855,900 francs.

Nous ne saurions manquer d'appeler l'attention de nos lecteurs sur la dernière partie du tableau qui précède. Nous avons dit, au début de cet ouvrage, combien nous avons eu à nous louer du dévouement éclairé que nous avons trouvé dans la population bayeusaine, et du bienveillant concours de Mgr Didiot, évêque de Bayeux. Les chiffres que nous venons de donner attestent que ces sentiments se sont manifestés par les souscriptions les plus généreuses. Aux premières menaces de ruine de sa cathédrale, la population s'était émue, et, à la voix de son évêque, chacun apporta son offrande pour concourir aux dépenses nécessaires à sa conservation.

Ces marques précieuses d'attachement au sol, de respect pour d'anciennes traditions, de goût sincère pour les arts et de foi religieuse, devaient éveiller la sollicitude de S. M. l'Empereur. Grâce à sa haute intervention, l'Etat vint en aide aux efforts individuels qui, privés de son appui, eussent peut-être été condamnés à une douloureuse stérilité.

Nous, les auxiliaires de l'homme de talent qui s'était chargé de réaliser de si belles espérances, nous conserverons un profond souvenir de l'appui moral que nous avons trouvé chez tous, au milieu des difficultés qu'a présentées notre entreprise. Certaines œuvres établissent, entre tous ceux qui y participent, des liens d'estime et d'affection; ceux qui sont plus particulièrement appelés à les mener à bonne fin éprouvent pour leurs promoteurs une vive reconnaissance. Pénétrés de ces sentiments, nous aimons à témoigner encore notre sympathie pour cette généreuse et intelligente population de Bayeux, et nous sommes heureux de renouveler l'expression de notre gratitude et de notre vénération profondes pour l'éminent prélat qui dirige le diocèse, et dont les actives démarches et le bienveillant patronage nous ont été si précieux et si utiles, pendant toute la durée des travaux.

FIN.

EXPLICATION DES PLANCHES.

TABLE DES MATIÈRES.

FIN DE LA TABLE.

Paris. — Typographie HENNUYER, rue du Boulevard, 7.

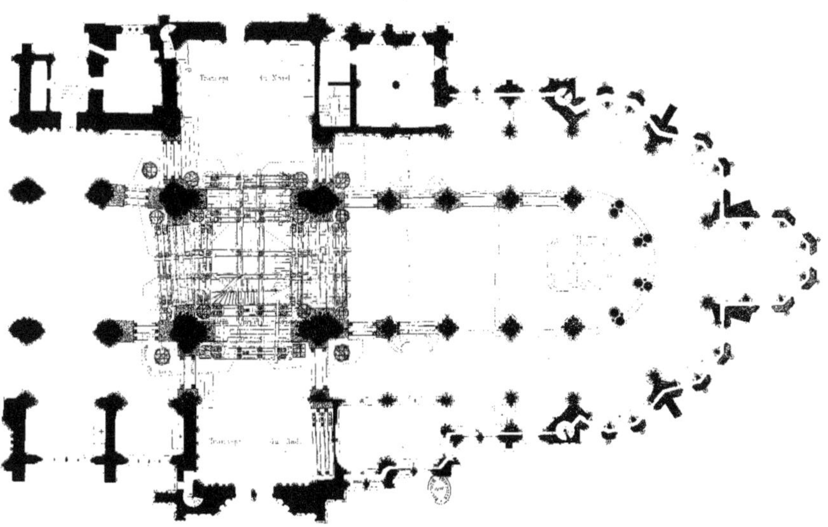
Transept du Nord.
Transept du Sud.

Coupe longitudinale.

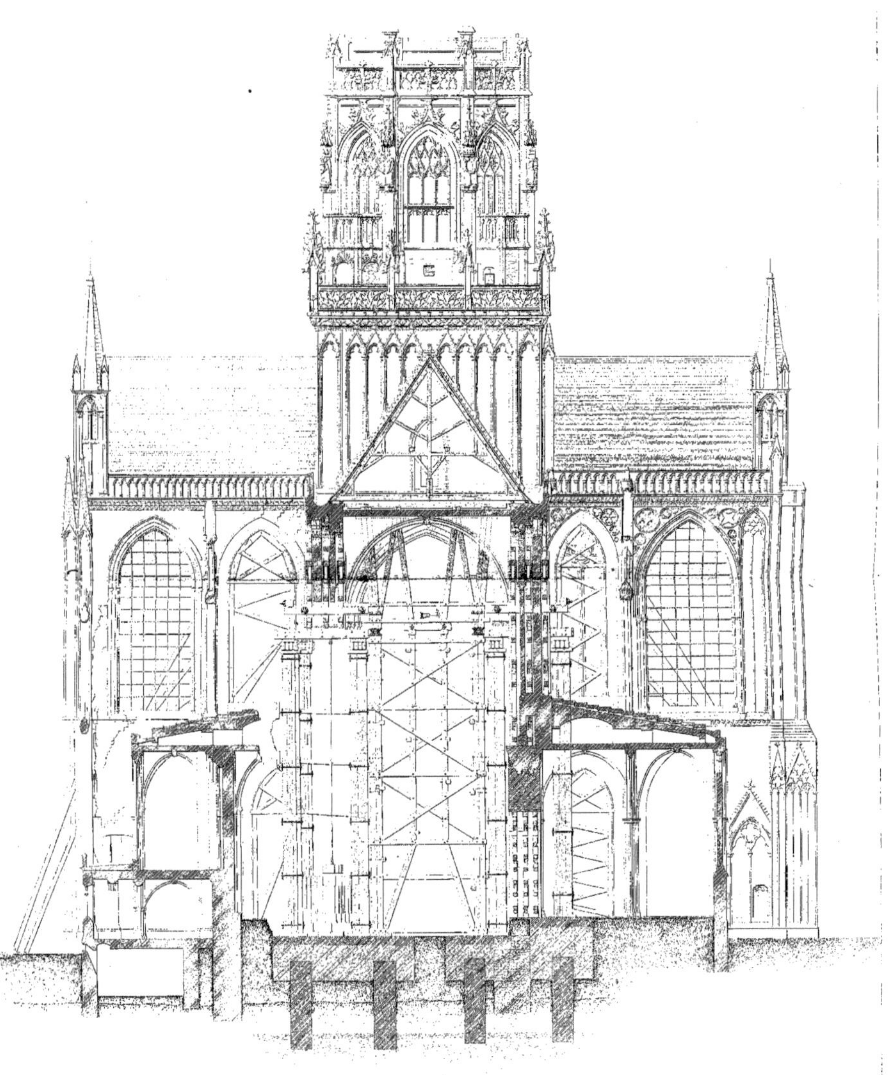

Coupe en travers de [...]

Élévation de l'arcade Nord avec les anciens travaux.

Echafaud de l'arcade Sud.

Elévation des anciens travaux dans l'arcade Est.

J. Sulpis sc.

Imp. P. Noblet, 13, r. des Fossés.

Élévation de la baie Est avec les anciens travaux modifiés.

Fig. 1.

Fig. 2.

Coupe suivant l'axe de la nef.... Élévation du côté Nord.

Élévation Est du pilier N. 6.

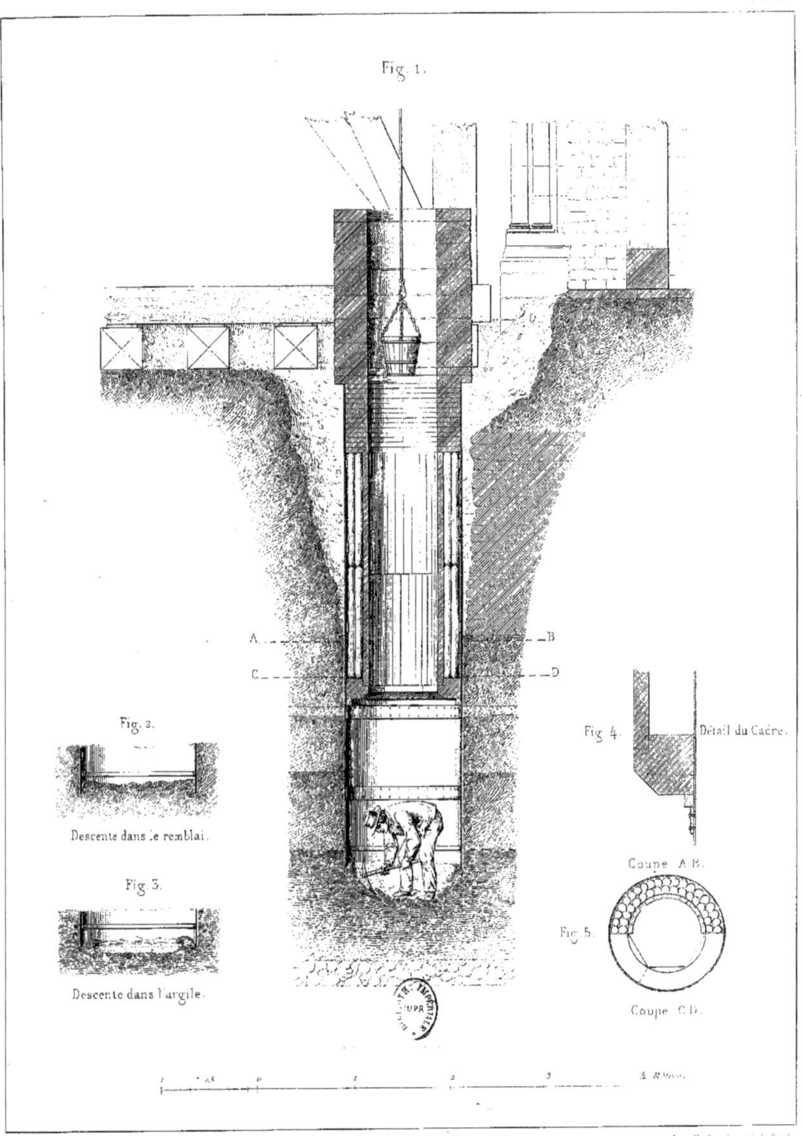

J. Sulpis sc.

Imp. E. Charreyre ainé, Paris.

Travail de descente des tubes de fondation.

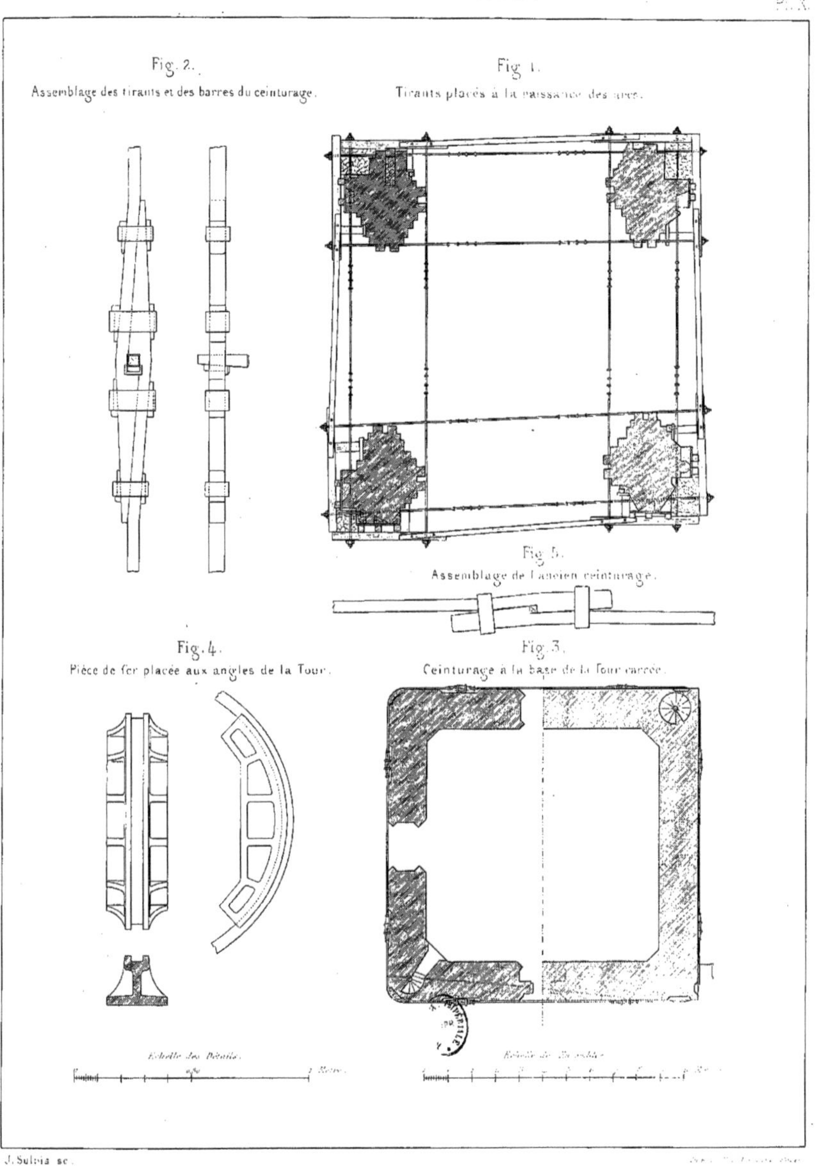

J. Sulpis sc.

Ceinturages. — Tirants des naissances.

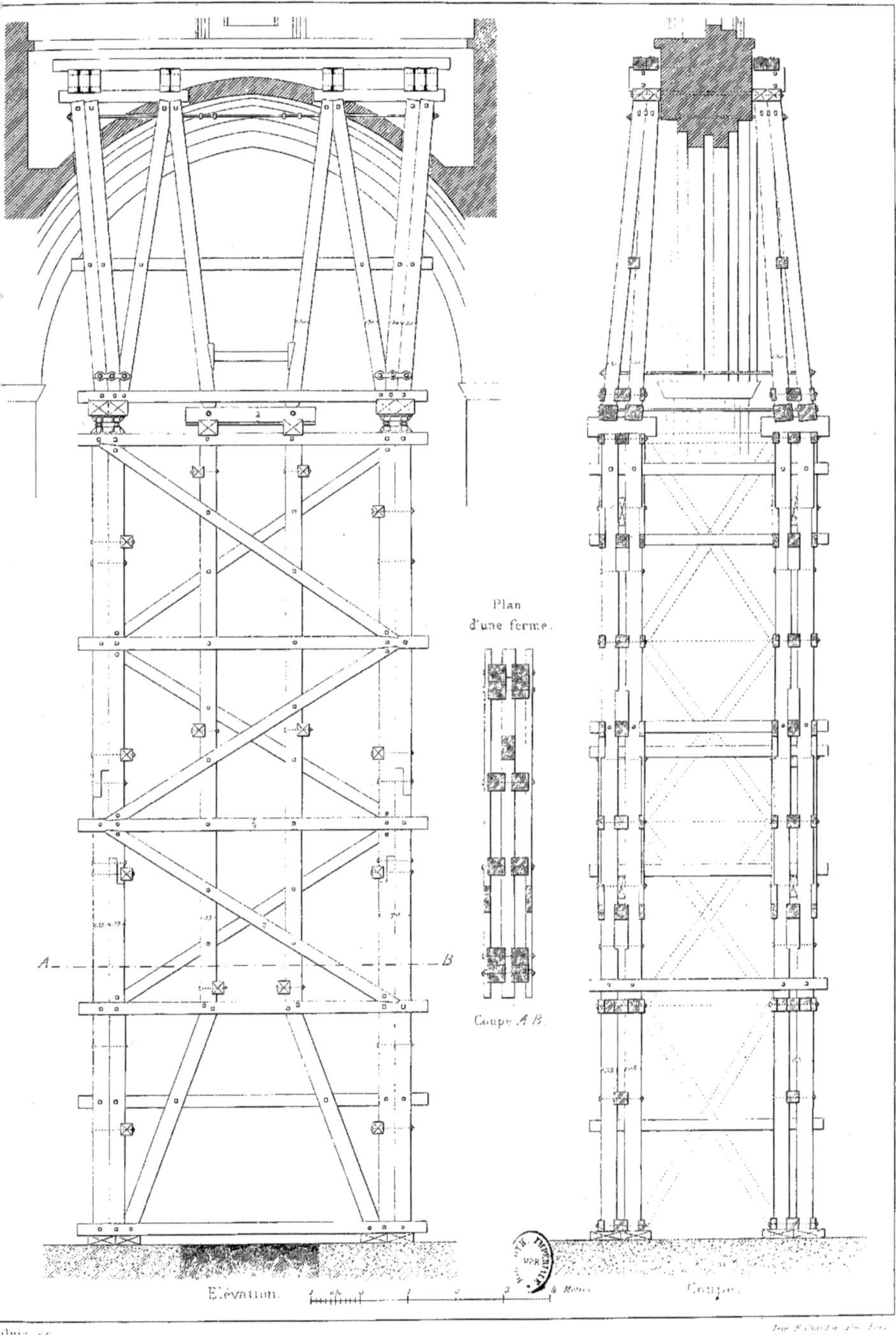

Fermes soutenant les ébranlements de la tour.

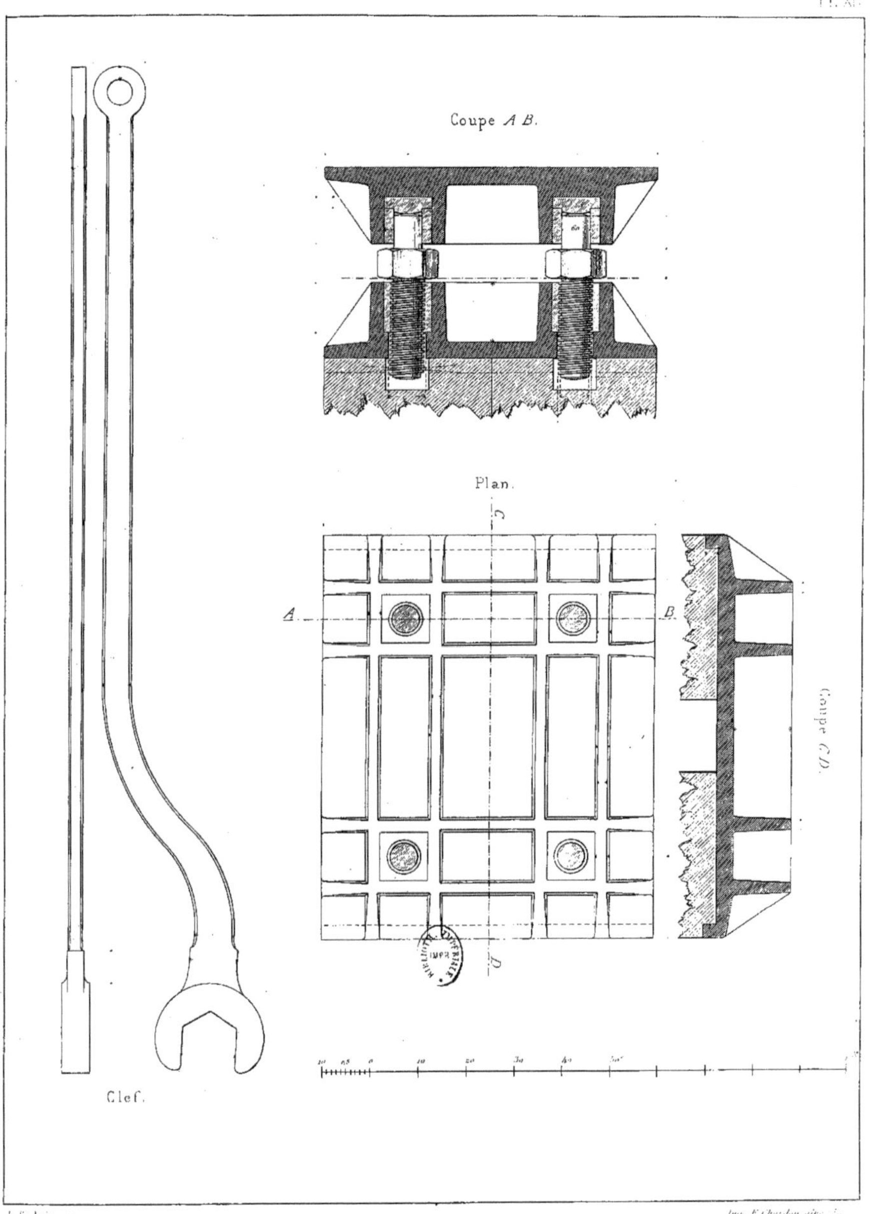

Appareil pour le serrage des fermes.

PL. XII.

Vue des travaux de soutennement dans l'arcade Sud.

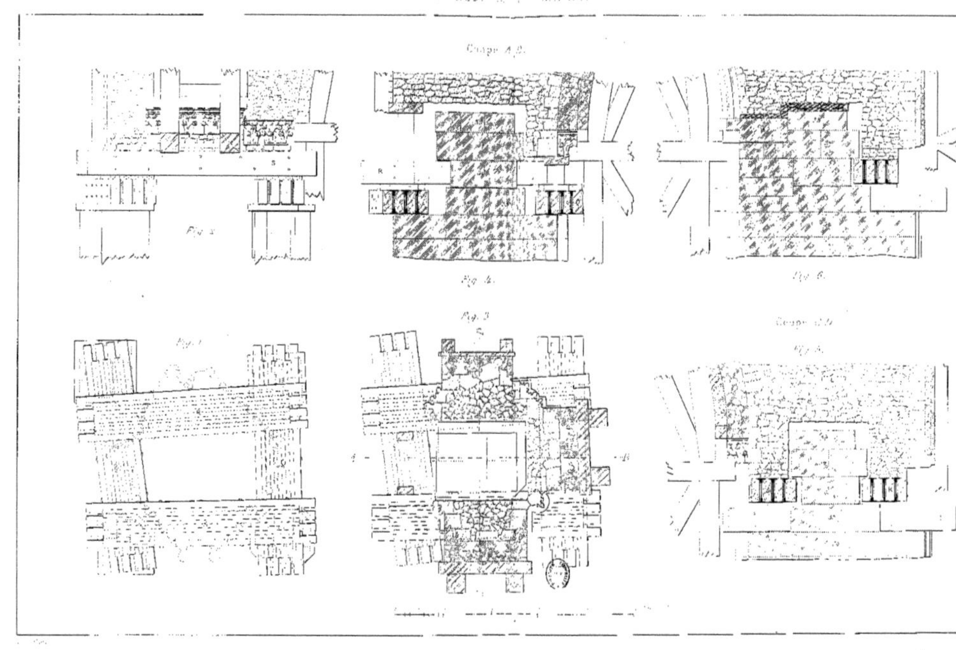

Divers coupes et dessins des poteaux et assemblages du clocher.

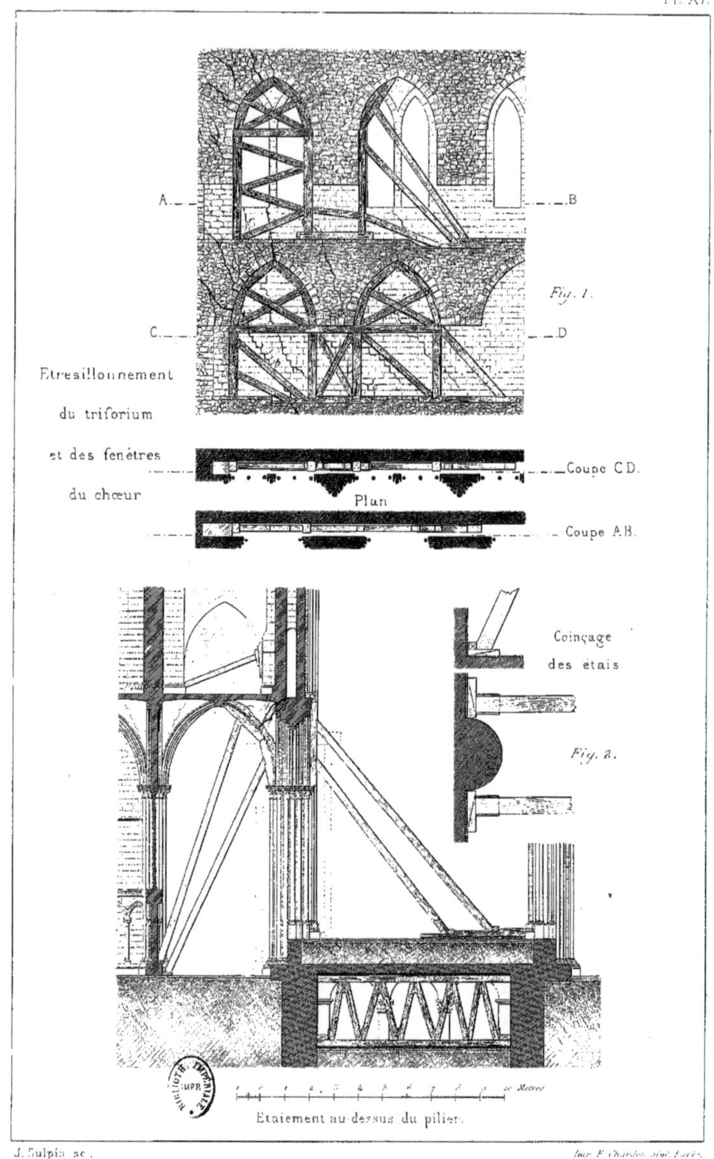

Travaux du côté Nord du chœur.

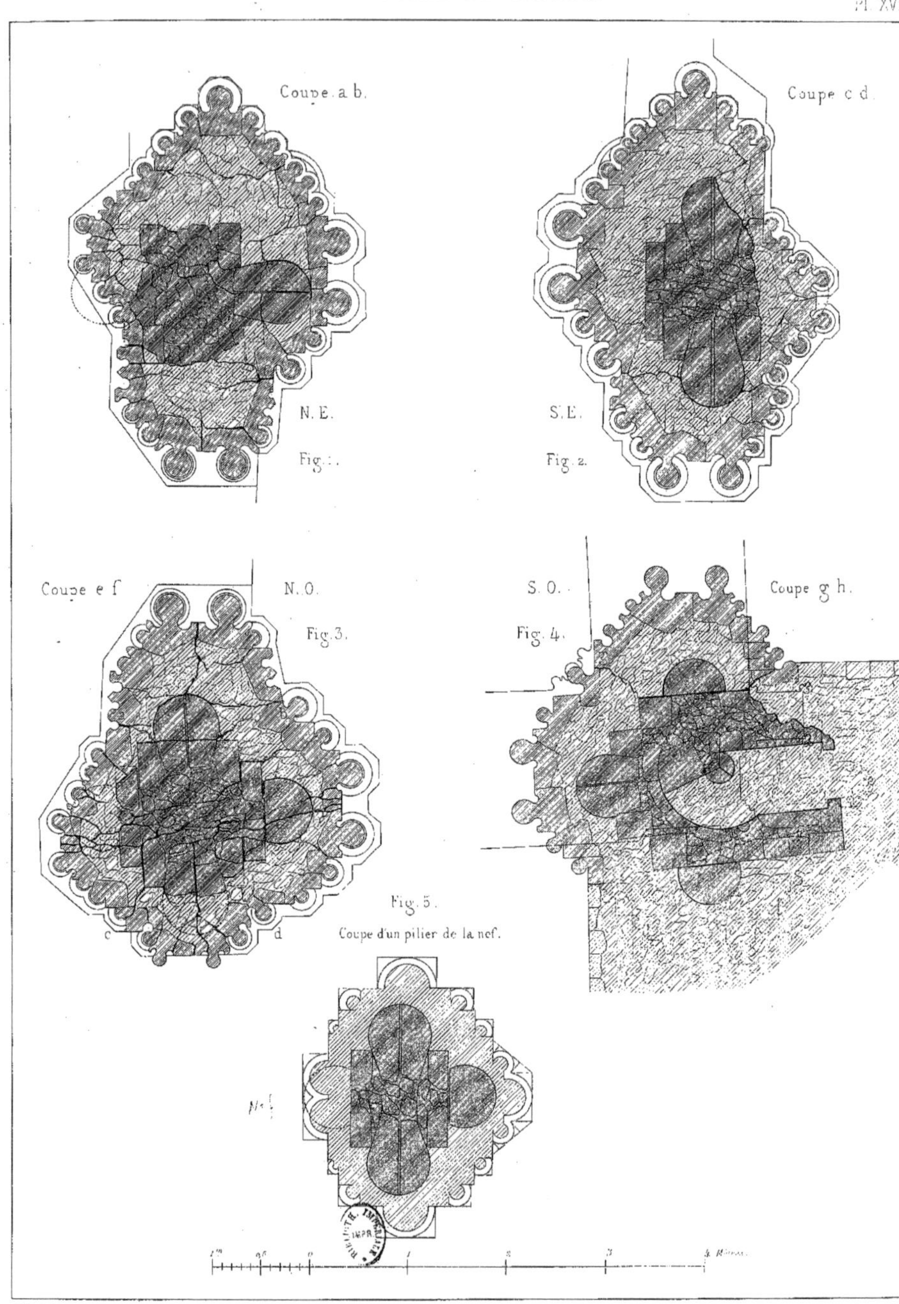

J. Sulpis sc.

Coupe des Piliers de la croisée qui supportaient la tour centrale
avec l'indication des principales lézardes existantes au moment de la démolition.

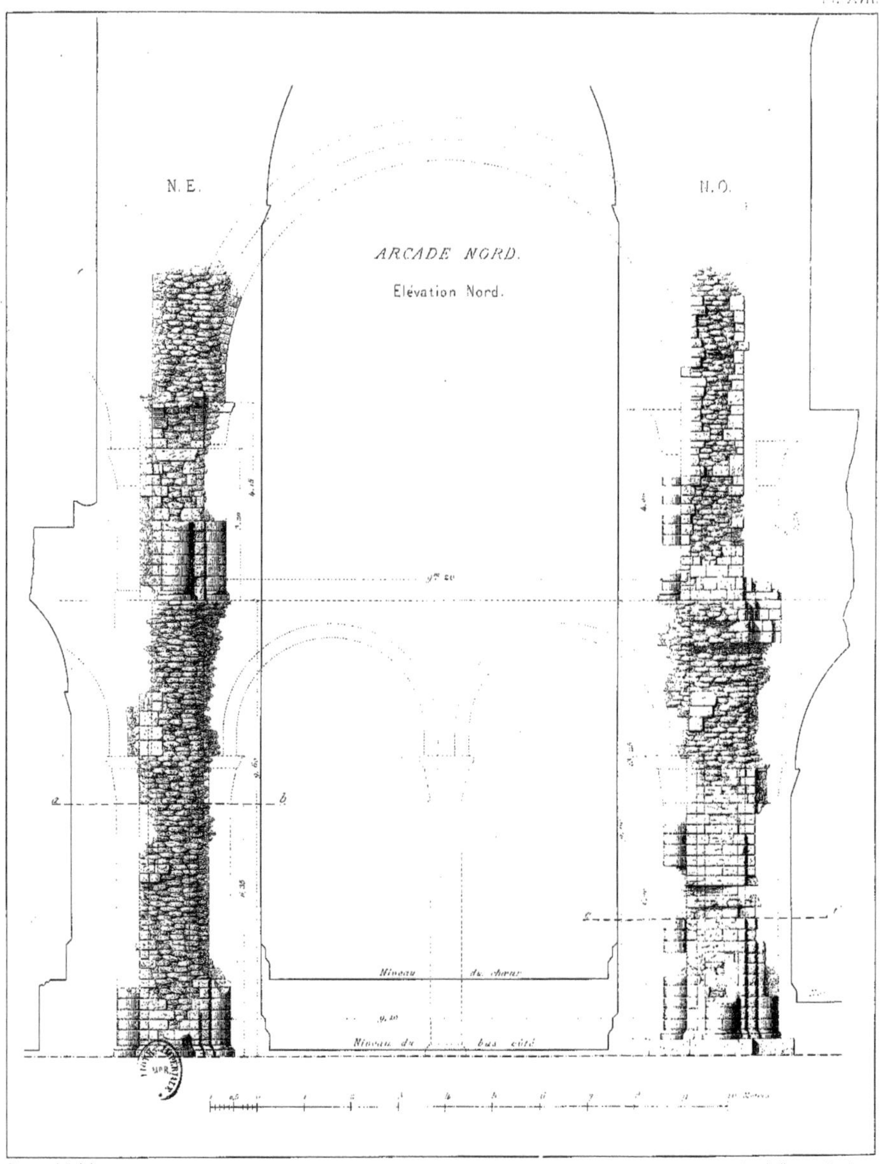

Élévation des piliers romans de la croisée.

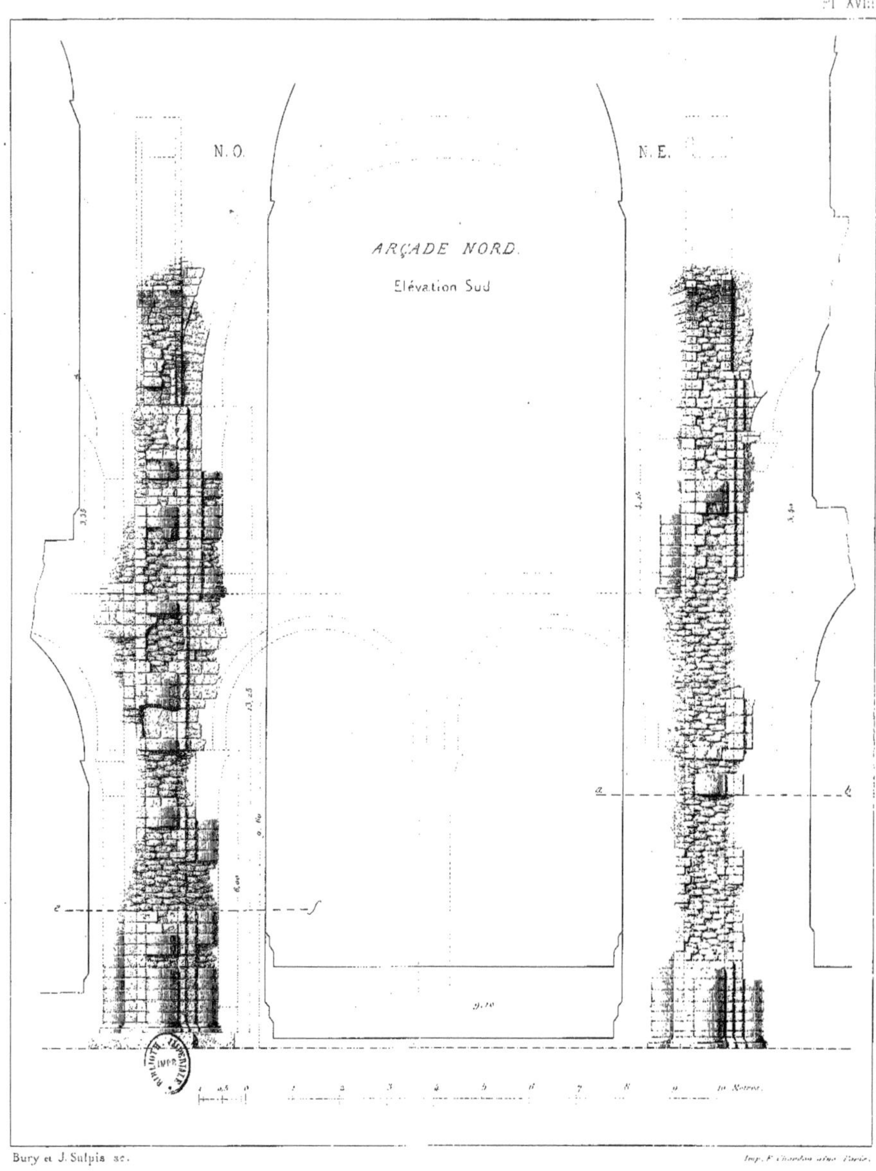

Bury et J. Sulpis sc.

Imp. F. Chardon ainé Paris.

Elévation des piliers romans de la croisée.

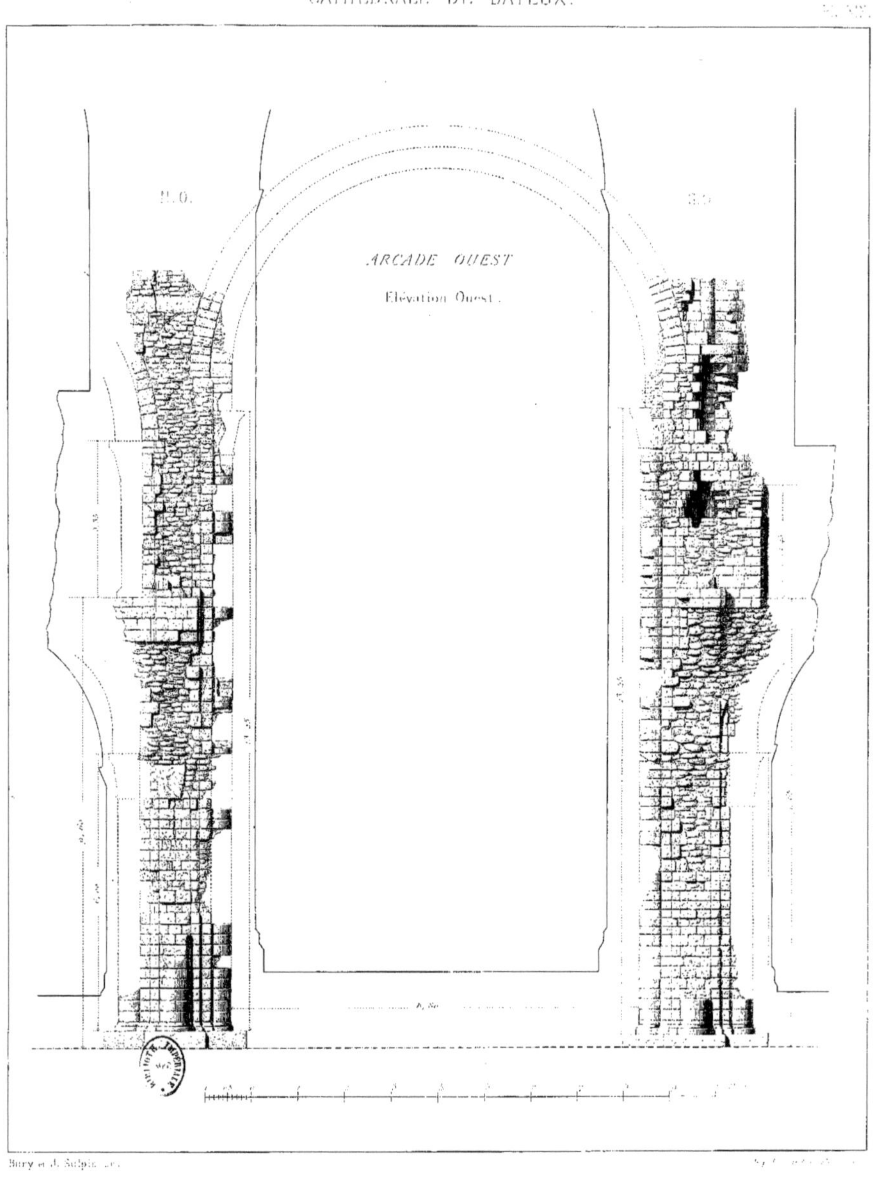

Élévation des piliers romans de la croisée.

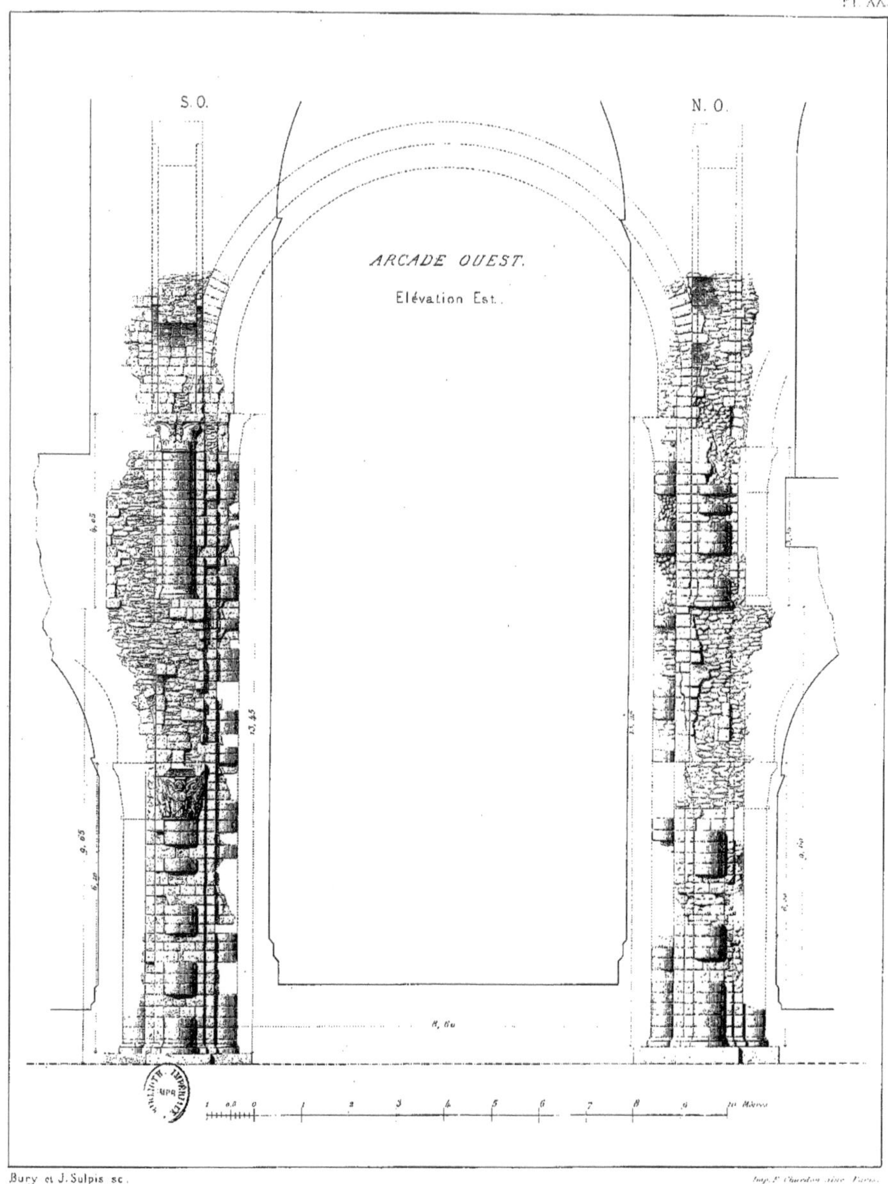

Bury et J. Sulpis sc.

Imp. E. Chardon aîné, Paris.

Elévation des piliers romans de la croisée.

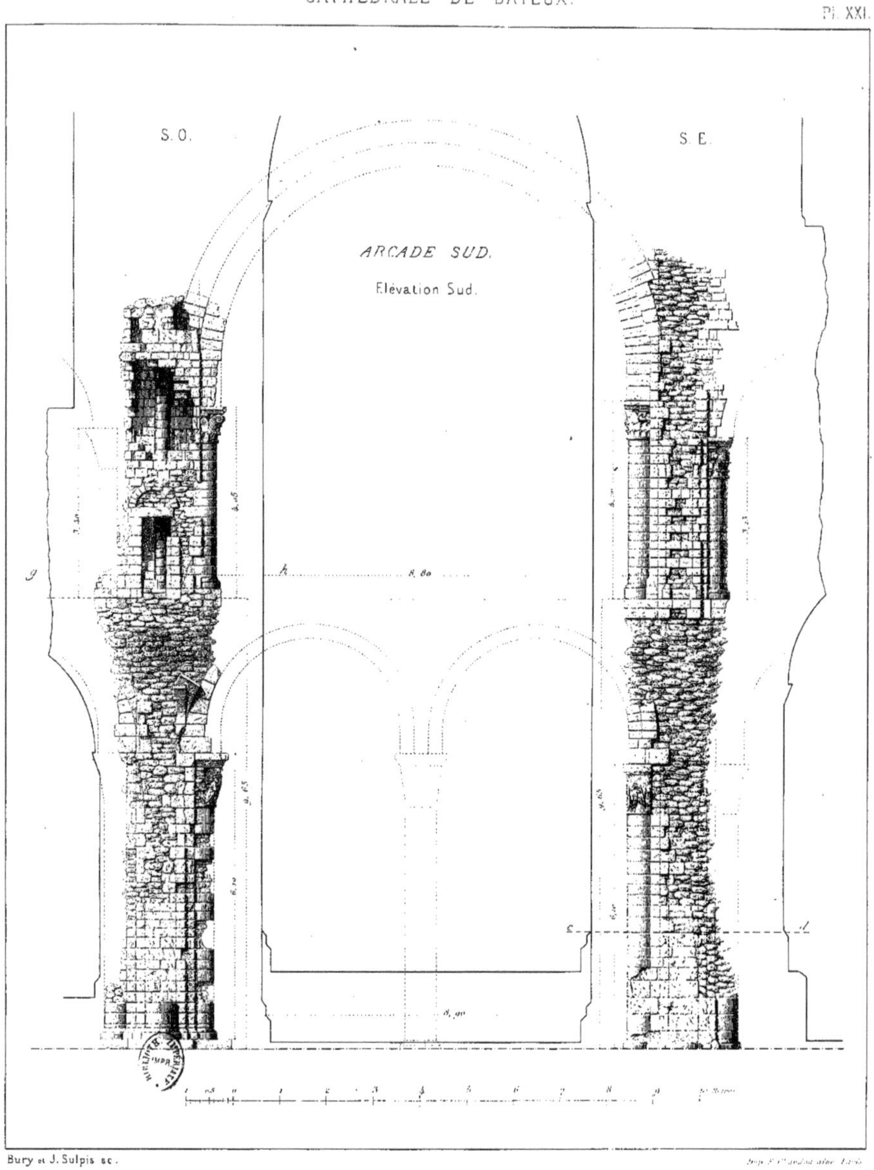

Bury et J. Sulpis sc.

Élévation des piliers romans de la croisée.

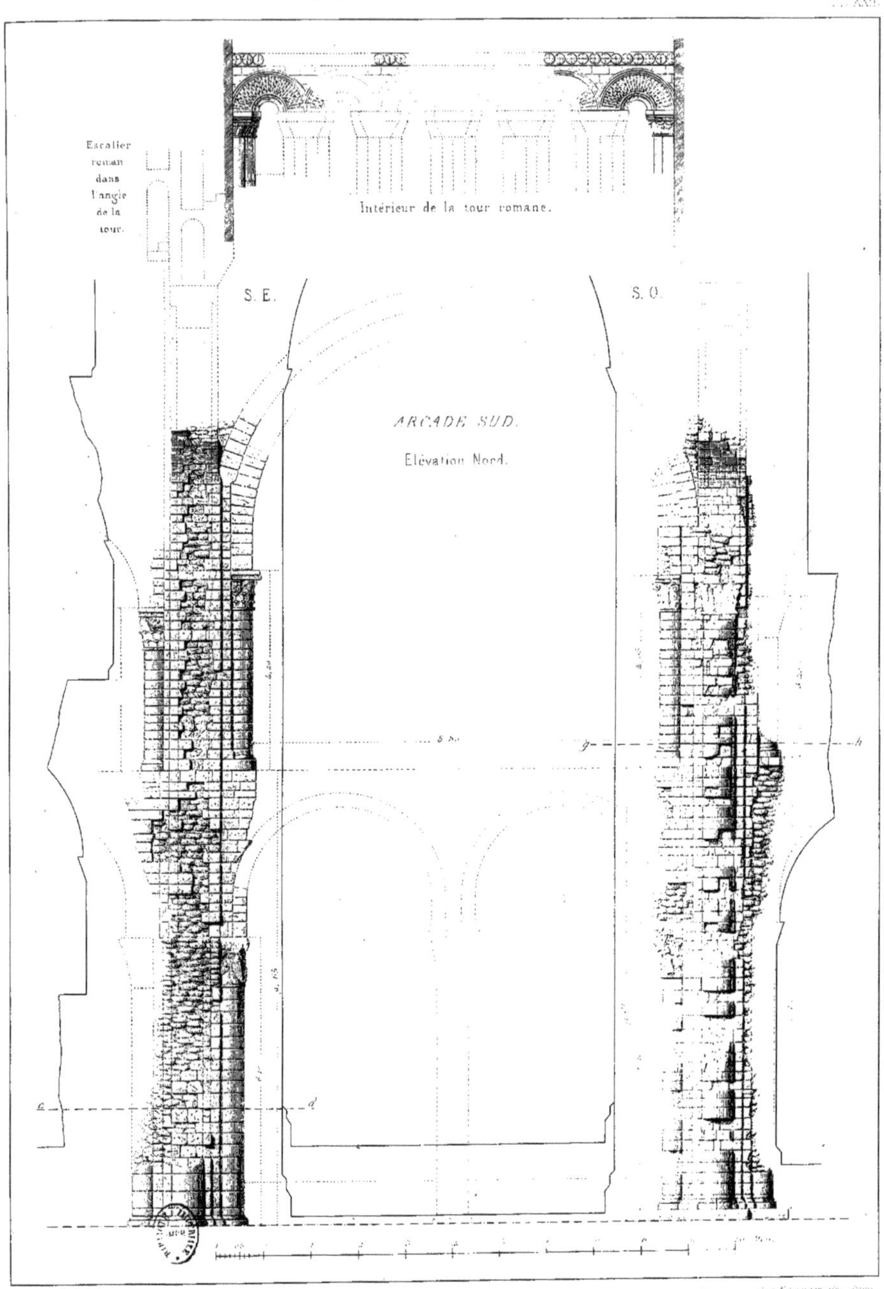

Bury et J. Sulpis sc.

Elévation des piliers romans de la nef.

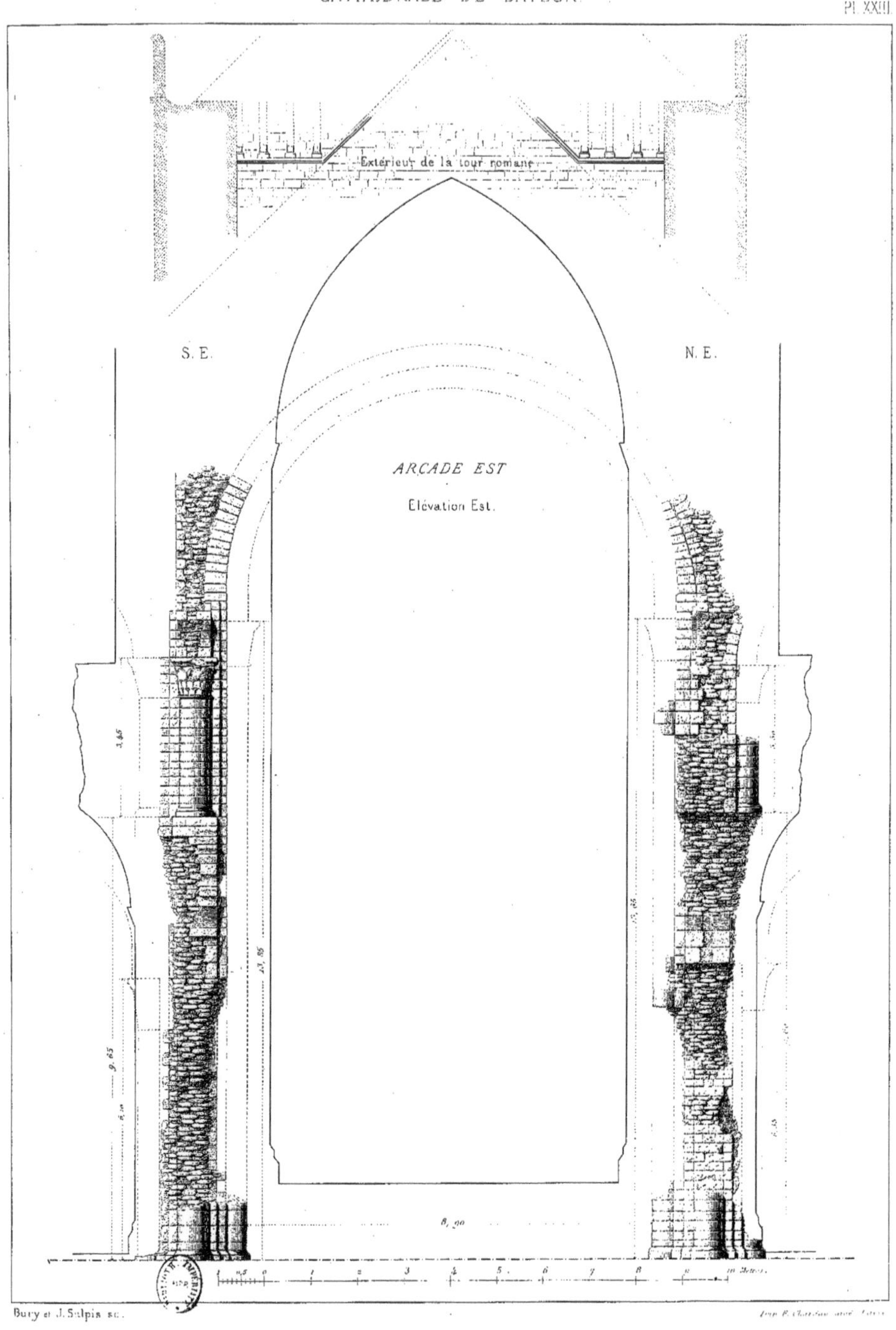

Elévation des piliers romans de la nef.

Bury et J. Sulpis sc.

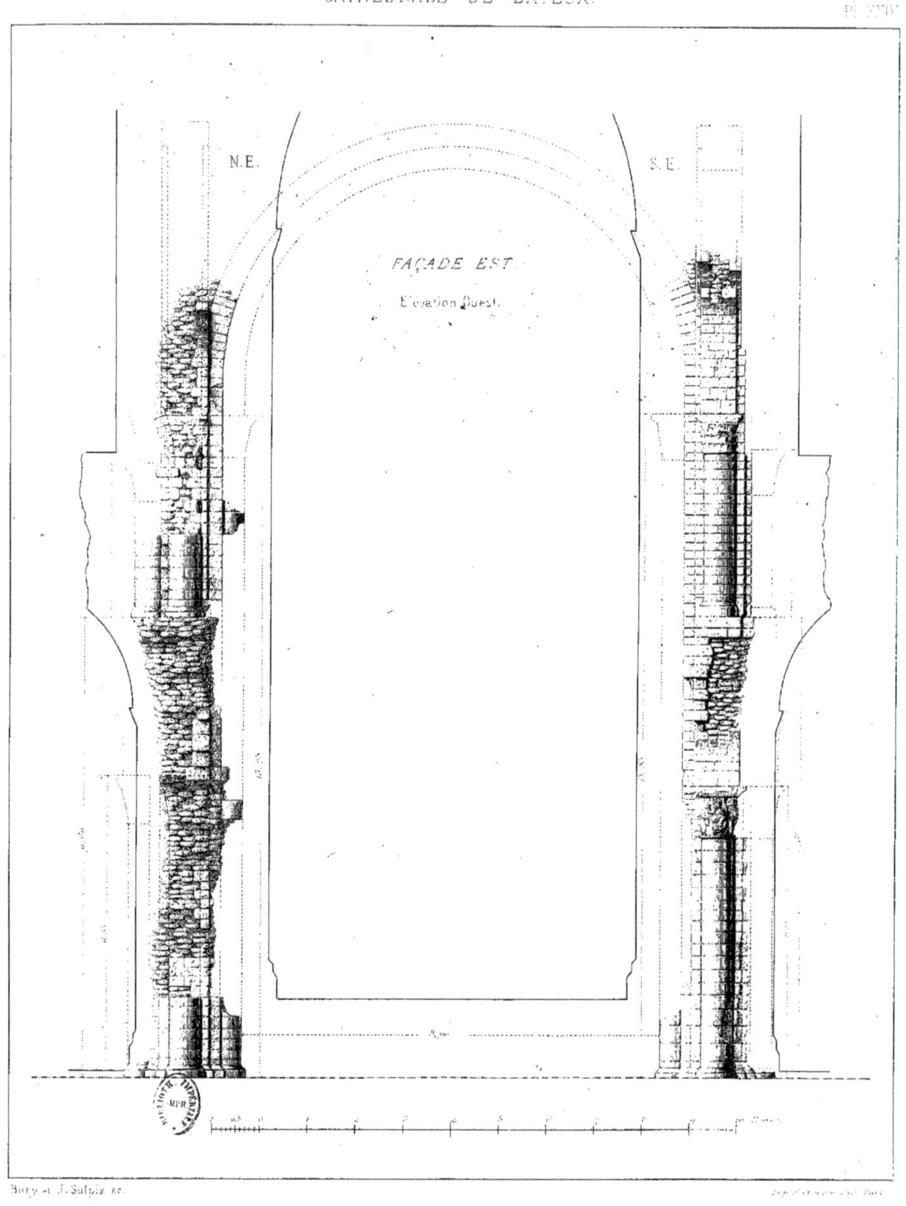

Bury et J. Sulpis sc.

Élévation des piliers romans de la croisée.

Chapiteaux des piliers romans de la croisée.

www.ingramcontent.com/pod-product-compliance
Ingram Content Group UK Ltd.
Pitfield, Milton Keynes, MK11 3LW, UK
UKHW022350090726
13658UKWH00002B/564